KB156344

혼자

글쓰다

취업합니다

혼자

글쓰다

취업합니다

우지연 지음

ㅎㅅㄹ북스

혼자 글쓰다 취업합니다

글쓰기 초보에서 작가, 그리고 출판사 대표까지

우지연

C. 출판사 시작해볼까? / 122

D. 출판사 대표가 되다 / 166

PROLOGUE

대학을 졸업하면 나에게도 봄날이 올 줄 알았다. 착실하게 한 계단 오르고 또 오른 것 같은데 할 수 있는 게 별로 없었다. 그래서 눈물이 많이 났다. 나이는 들고, 아이는 길러야 하고, 공부는 했는데 취직할 곳이 없었다. 틀린 일을 억지로 하는 것도 못하겠단 생각이 들었다. 누구 밑에서 일하기는 쉽지 않고 그렇게 바보로 인생을 마감하나 싶었다. 만날 사람은 있지만 만나서 할 얘기가 뻔하고. 사람 대신 책을 읽는 시간이 자연스럽게 많아졌다. 책을 읽다 보니 재밌고 시간도 빨리 지나갔다. 그러다 문득 이런 생각이 들었다.

학생일 때 나는 책을 썼고, 조교 하면서 교수님들의 책도 많이 편집했었다. 졸업한 뒤에도 계속 책을 썼고, 지금도 책을 읽고 있으니… 그래! 바로 책이었다. 내 인생의

'책'이라는 단어만큼 오래된 단어가 없었다. 내 옆에 항상 있었던 책. 좋아하지는 않았지만 싫어하지도 않았던 그냥 그런 존재.

나는 나를 취업시키고자 출판사를 만들었다. 거창하고 대단한 목적을 가지고 출판사를 시작하면 좋았을 텐데 나에게는 이리저리 시도할 시간도, 재정도 없었다. 그래도 출판이라는 일의 시작은 간단하니 그렇게 나의 감과 생각을 이리저리 시도해보며 망해도 괜찮다는 생각으로 여기까지 왔다. 그래도 감사한 건 지금껏 내 손을 거쳐 22권의 책이 나왔으니 이미 행복한 사람이다.

책을 만들면서 좋았던 점은 너무도 많다. 그중에서 가장 큰 한 가지를 꼽는다면 책은 읽는 자나 쓴 자나 만드는 자 모두에게 유익을 끼친다. 책은 모두를 행복하게 만든다. 만드는 자 입장에서 생각해도 책을 만들며 내가 정말 소중한 사람이 되게 한다. 해야 할 일이 있다는 것도, 그리고 내가 하는 일이 누군가에게 보람을 주고 의미를 선사하고 있다는 걸 알기에 그것만으로도 나는 이 세상에 태어난 목적을 다한 것처럼 느끼고 있다.

물론 1인 출판사를 시작하니 평상시보다 더 바빠졌다. 예전에 회사에 다닐 때는 출퇴근 시간이 분명했다. 출퇴근 시간은 일의 시작과 끝남을 의미하기도 한다. 그런데 출판사를 하다 보니 공휴일 개념이 없다. 하루하루가 같은 날처럼 느껴질 때가 한두 번이 아니다. 그래도 나는 이 일이 좋아서 하니 괜찮다.

처음 책의 유통구조를 알았을 때 화들짝 놀라며 질문 같지 않은 말을 내뱉은 적이 있다. "아니, 돈도 안 되는데 이런 걸 왜 하세요?" 그때 7년 차 선배 출판사 대표가 이렇게 대답했다. "좋아서요. 그러면 대표님은 안 하시게요?"

출판사를 하고 여러 권의 책을 만들다 보니 주변 사람들이 놀란다. "뭐야? 지금까지?" 망하기를 바라는 건 아니겠지만 내가 이렇게 책을 많이 만들고 있다는 걸 놀라워한다. 책을 많이 내는 교수님들도 놀라 이렇게 물어온다. "돈이 얼마나 있는 거야?"

얼마 전 지인과 이야기하다가 그가 이렇게 말했다. "나도 출판사 있어." 사람들은 출판사를 자랑한다. 뒤에 가서 이야기하겠지만 출판사 등록만 하고 운영하지 않는 출판사가 80%를 넘고 있다. 그런 분에게는 약간

당돌하게 들릴 수 있지만 나는 한술 더 떠 이렇게 말한다. "그렇죠. 누구나 출판사를 만들기 쉬운 시대예요. 몇만 원이면 등록하잖아요. 그런데 문제는 출판사를 어떻게 운영하느냐이죠. 작년에 몇 권의 책을 만들었는지, 그리고 지금까지 몇 종을 출간했는지도요." 대부분 내가 이런 이야기를 하면 그때부터 사람들은 눈빛의 힘을 풀고 무슨 비밀병기라도 있는 것처럼 내 이야기를 듣기 시작한다. 그러면 나는 그냥 내가 하고 있는 이야기를 들려준다. 이 책을 쓴 이유도 다른 목적이 있는 게 아니다.

출판일을 하지 않았던 사람, 전혀 다른 전공을 가진 나 같은 사람도 할 수 있다면 다른 사람도 할 수 있다. 출판, 어렵지만 재밌다. 나는 당신도 책을 만드는 기쁨에 행복해지길 바란다. 알고 보면 이 일은 책이 아닌 사람을 살리는 일이기에. 나는 그렇게 확신한다.

A.

학생에서
작가로

_나의 경험에 관하여

1. 첫 책을 내다

    지금 생각해보면 남들과 비교할 필요가 없는 것들을 가지고 참 쓸데없는 데 시간을 보냈다. 외모, 성별, 나이, 학력, 부모 배경, 재력, 능력… 사춘기도 아닌데 내가 가지고 있는 것보다 남이 가진 게 더 낫다고 생각했다. 패배 의식. 나이가 있어도, 공부를 했어도 생긴다.

    '평균'이라는 게 참 불편해질 때가 있다. 평균은 생각보다 높은 값이다. 그렇게 그냥 내가 가지고 있는 게 다 싫어지는 그런 때가 있었다. 힘들게 대학을 졸업했을 때, 대학원을 나왔을 때, 어떤 과정을 마쳤을 때. 나는 달라진 것 같은데 어떤 것도 내 삶에 영향을 주지 못하는 그런 때가 있었다.

내가 처음 출판사에 문을 두드렸을 때가 생각난다. 학생 시절 작성했던 원고를 정리해서 출판사를 찾았다. 아무것도 모르니 그냥 홈페이지 주소를 보고 원고를 보냈다. 어떤 출판사는 친절하게 이메일 주소가 있지만 대부분은 그런 주소조차 찾아보기 힘들었다. 그래도 마음에 맞는 곳에 원고를 보냈다. 그것마저 뿌듯했다.

그리고 영화 속 한 장면을 꿈꾸며 원고를 투고한 다음 날부터 어마마한 일이 일어날 것을 기대하는 마음과 두려운 마음이 교차했다. 시선을 다른 데 돌렸지만, 마음은 계속 메일에 있었다. 그리고 며칠이 지났다. 십여 개의 출판사에 보냈는데 거절 메일은 2곳, 나머지는 무응답. 단 한 군데에서 어리둥절한 반 거절 메일이 왔다.

유일하게 내 글에 질문을 가지고 있던 곳이었다. 출판사 대표님은 내 글이 자신의 출판사와 성격이 맞지 않는다고 했다. 그런데 내 글을 읽으며 내가 어떤 사람인지 궁금하다고 했다. 됐다! 나는 만나고 거절해도 되니 출판사 주소가 있는 곳으로 가겠다며 뵙기를 청했다. 가기 전까지 두근두근. 어른을 만날 때 빈손으로 가면 안 된다는 부모님의 가르침이 떠올라 떡을 준비해갔다.

대표님과의 첫 만남. 이메일에 적은 것처럼 내가 쓴 종류의 책을 내지 않는다고 하셨다. 그런데 어떤 분인지 궁금해서 만나기로 했다며 말을 이으셨다. 그때 나는 직감했다. '아, 지금이다! 지금 이 출판사 대표님을 설득하지 못하면 나는 책을 내지 못할 거야.' 그리고 나는 처음으로 이 책이 왜 세상에 나와야 하며 기존의 책들과 어떤 차이점이 있는지를 설명했다. 그리고 이런 책을 내지 않았던 대표님의 출판사가 이 책을 내게 되므로 세상에 기여할 수 있는 게 무엇인지를 담담하게 하지만 확신을 가지고 설득했다. 다행히 대표님은 나의 말에 넘어가 주셨다. 그렇게 나의 첫 책은 세상에 나왔다.

나는 아직도 그날을 기억한다. 책이 처음 나온 날. 세상이 나를 알아봐 줄 것 같은 그런 날, 천지개벽은 아니라고 해도 무언가 세상이 나를 주목해주리라 생각했다. 사람들의 문의가 쇄도하고 바빠질 것을 솔직히 기대했다.

그러나 책이 나오고 그날도, 그리고 그다음 날도 내가 상상했던 그런 일은 일어나지 않았다. 어떤 동료들은 시샘했고 대부분의 동료는 축하한다는 상투적인 말을 한 채 무관심하게 지나쳤다. 그때 나는 알았다. '아, 책을 내도 나는 아무것도 아니구나. 그러면 나는 왜 이렇게 고생한 걸까?'

2. 글쓰기는 최악일 때 나온다

사실 글쓰기는 정말 귀찮은 일이다. 나는 글쓰기가 노동이라고 생각된다. 일 중에서도 별로 티가 나지 않는 그런 일. 양치하는 일, 머리 감기(?), 운동하기, 방 청소하기와 같은 그런 일이 글쓰기다. 매일 하지 않아도 티가 나지 않는 것처럼 보이지만 너무도 중요한 일. 문득 일상의 한 영역을 글쓰기가 차지하게 된다면 어떤 게 달라질지 궁금했다.

나는 글쓰기가 너무 두려웠다. 잘 쓰고 싶은 마음에 아예 글을 쓰지 못하는 날들이 많았다. 어떤 사람은 천재적인 재능으로 글을 쓰지만 나는 잘 쓴 글들을 읽으니 더욱 글을 쓰는 게 어려웠다. 전공 서적을 읽으면 기가 죽고 에세이를 읽으면 좌절한다. 그렇다고 그냥 나를 두면 아무런 일이 일어나지 않을 것 같았다.

그래서 나는 매일 블로그에서 글쓰기를 하기로 했다. 육체의 운동이 필요하다면 글쓰기에도 운동이 필요한 건 당연한 일이라 생각한다. 머리의 운동, 손가락의 운동, 눈의 운동…. 이렇게 생각하면 글쓰기는 전신 운동이다. 아주 잘 쓰는 사람은 되지 못하더라도 평균, 혹은 그 이하의 사람들에게 발판이 되는 정도만 되어도 괜찮다고 마음을 낮췄다.

글쓰기를 할 때 가장 어려운 점은 소재를 찾는 일이다. '매일 무슨 말을 하라는 거야? 그것도 블로그 글은 공개적으로 남들이 보는 일인데 어떻게 하란 말이야?' 나는 그래서 글쓰기를 하나의 공식처럼 만들었다. 이것을 유식하게는 '리추얼'(ritual, 의식)이라 부른다.

아침에 눈을 뜬다. 커피를 탄다. 의자에 앉는다. 책을 읽는다. 글을 쓴다. 매일 아무 생각 없이 하는 일이다. 하나의 습관이 글쓰기가 되도록 나를 내가 조성한 환경에 집어넣는다. 그렇게 글쓰는 환경에 나를 던지고 버틴다.

물론 아무 생각은 없지만 컨셉은 있다. 다양한 글쓰기를 위해 블로그에 여러 카테고리를 만든다. 그리고 오늘은 이 카테고리에 가서 글을 쓰고, 다음 날은 다른 카테고리에 글을 쓴다. 다양한 주제를 가지고 나에게 숙제를 준다. 글을 쓰는 일은 나를 최악의 상황으로 내모는 일이다.

그런데 달리 생각하면 글쓰기는 "최악일 때" 가장 잘 나오는 법이다. 연인과 헤어졌을 때, 처음으로 사랑을 고백할 때, 밤새 고생하며 쓴 편지는 거절해도 후회가 남지 않는다. 내 모든 것을 쏟은 탓에 내 평생 가장 잘 쓴 글이다. 진실한 고백에 힘이 있듯, 마음이 전해진 글은 관계를 치유한다. 결핍과 불안, 어려움이 있을 때 글은 잘 써지고, 마감 기한이 촉박해야 아이디어가 샘솟는다.

하지만 최악의 순간을 매번 고집할 수는 없다. 지나치게 자신을 몰아세우면 글이 좋지 못하다. 그래서 극한이 아니라 매일 조금씩, 글쓰기를 훈련하는 게 필요한 이유는 이 때문이다.

나는 매일 글을 쓰며 여전히 글 쓰는 게 힘들긴 하지만 글쓰기에 대한 두려움이 많이 줄어들었다. 나는 이게 어딘가 싶다. 두려움이 줄어야 내가 좋아하는 일을 계속할 수 있다.

대부분 나 자신을 뜯어말리는 존재는 다른 누군가가 아니고 나일 때가 많다. "네가 뭘 한다고 그래? 네가 작가가 되면 사람들이 웃겠다"는 식의 말에 저항할 힘이 없는 건 나도 그렇게 생각하고 있어서다. 두려움에 저항할 힘은 한 번에 생기지 않는다. 윗몸일으키기 100번을 한 번에 하지 못해도 10번씩 10회를 하면 가능할지 모른다.

글쓰기도 이렇게 하면 된다. 한 번에 쓰면 천재다. 그러나 천재는 많지 않다. 오히려 이 세상에는 나와 같은 사람이 더 많다. 그러니 평범하게 우리의 일상에서 우리의 언어로 조금씩 글을 쓰며 세상에 있는 많은 사람들을 대변하자.

3. 글쓰기의 소재는 어떻게 찾나요?
_ 엄마가 식당을 차릴 수 없는 이유를 안다면

여행을 하면서 좋은 점이 여러 가지가 있지만 나에게는 남이 차려주는 밥을 계속해서 먹을 수 있다는 게 참 좋다. 나는 여행을 가면 백반집만 찾아다닌다. 정말 맛있는 집은 지극히 평범한 집밥 같은 그런 맛이 난다. 너무 자극적이지도 않고 그렇게 인위적이지도 않고 특이하지도 않다.

그리고 맛없는 집에 가면 갑자기 멀리 계신 엄마를 소환하며 이렇게 말한다. "우리 엄마가 여기에 식당을 차렸으면 대박일 텐데…" 이 말은 엄마가 요리를 잘하신다는 걸 간접적으로 표현하며 엄마를 칭찬한 말이다. 그런데 엄마는 식당을 차릴 수 없다. 젊었을 때도 그랬고 지금은 연로해서 더욱 그럴 수 없다.

식당을 운영할 수 있는 사람은 작가와 비슷하다. 매일 식자재를 가지고 어떤 요리를 할지 '기획'이 있어야 한다. 배추를 주면 '김치'만 떠오르는 사람과 배추전, 배춧국, 배추쌈, 겉절이 등을 생각하는 사람의 수준은 다르다. 인간의 삶이 비슷하다고 해도 누구나 작가가 되지 못하는 이유는 이런 이유 때문이다.

주변에 글 잘 쓰는 사람, 글쓰기에 관심이 있는 사람, 다른 사람이 책 내면 부러워하는 사람이 얼마나 많은지 모른다. 그러나 그들이 작가가 되지 못하는 이유는 크게 두 가지 이유가 있다.

첫째, 삶이라는 보편적인 경험에 '자기만'의 '맛'을 구상하지 못해서이다. 엄마들의 음식은 레시피가 없다. 밤에 하든 낮에 하든, 다른 집에 가서도 언제나 같은 맛을 낸다. 같은 김치라도 지역마다, 가정마다 맛이 다른 이유는 자기 맛이 있어서다. 이것을 '색깔'이라고 할 수 있다.

글을 쓰는 사람도 보편적인 이야기를 자기만의 '색깔'로 채색해야 한다. 사람의 인생은 다르지만 흐름은 비슷하다. 경험은 다르지만 인간이 느끼는 희로애락은 비슷하다. 여기서 어떻게 자기의 맛을 표현해 나갈지는 작가의 구상이다.

둘째, 스토리가 있다고 해도 이를 내놓으려고 한다면 우선 써야 한다. 글이 있어야 그다음에 무엇을 꿈꾸거나 도전하거나 하지 않겠는가! 내 주변에도 내가 출판사를 한다고 하니 질문을 많이 하는 사람이 있다. 이런 사람은 분명 글에 대한 관심이 있는 사람이고, 책을 정말 내고 싶은 사람임이 틀림없다.

그런데 안타까운 점은 질문만 있지 글을 쓰지 못한다. 특히 글과 관련된 일을 하거나 관련학과를 나온 사람은 더더욱 글에 대해 겁을 낸다. 모두 위대한 작품을 만들려고 한다. 그래서 못 내고 못 쓴다.

하지만 생각해보자. 어떻게 습작 없이 위대한 그림을 그릴 수 있겠는가! 어떻게 훈련 없이 우승을 바라겠는가! 우리는 이런 것이 있을 수 없다는 걸 알고 있다. 하지만 유독 글쓰기에 대해서는 어리석은 생각을 하려 한다. 우리말에 "첫술에 배부르랴"라는 말은 이에도 해당한다. 우선 써야 한다. 어떤 글이든 써야 그다음을 바라볼 수 있다.

말은 잘하는 데 글은 못 쓰고, 가지각색의 이유를

대는 사람이 있다. 그런 이유가 사라지면 또 다른 이유를 붙잡고 산다. 글에 대한 '실행력'(Write before you give a reason!)이 없으면 관심이 있는 척해도 말짱 도루묵이다.

이처럼 실행하지 못하는 가장 큰 방해물은 나 자신에게 있다. 글을 쓰는 것도 용기이지만 글을 쓰지 못하는 이유도 두려움에 기인할 때가 많다. 남들처럼 쓰면 좋겠는데 남들보다 더 못한 것같이 느껴져서 부끄러움과 창피함을 자기 자신에게 제일 많이 주고 있어서. 그리고 글을 너무 쓰고 싶지만 두려움이라는 커다란 장벽을 뚫고 가기가 싫어서.

하지만 우리는 안다. 사실 그 장벽은 아무것도 아니다. 누구나 첫걸음은 두려운 법이다.

쓰라! 잘 될 것이다!

* **나만의 글감 찾는 법**

　① 나의 인생에 항상 같이 있었던 단어를 10개 적는다.

　② 내가 살면서 중요하게 생각했던 가치를 10개 적는다.

　③ 1)과 2)번을 형용사+명사로 만든다.

　④ 위의 결과를 통해 나의 스토리의 제목을 3가지로 정한다.

4. 글 고치는 건 더 두려워

천재 작가가 아닌 이상 고치는 것을 이상하게 생각하지 말아야 한다. 너도 알고 나도 알듯이 우리는 천재가 아니다. 그런데 고치는 게 왜 이렇게 어려운지. 아마 글을 어렵게 써왔기 때문에 내 글을 보여주는 게 불편한 마음이 드는 것 같다. 나도 매번 글을 쓸 때마다 이런 생각이 든다. 마음 한편으로는 누군가 내 글을 잘 읽어주고 고쳐주면 좋겠다는 마음이 있고 또 한 편으로는 버림받은 글이 되지는 않을지 두려운 마음에 글을 꽁꽁 싸매고 싶다는 생각도 든다.

대학원생 때 내가 알던 박사님은 펜을 들면 거침없이 글을 써 내려갔다. 그리고 그것을 가지고 그대로 강의했다. 너무 멋있었다. 조교로 오랫동안 그분을 가까이서 봐왔으니 나도 모르게 박사님을 흉내 내기 시작했다. 펜만 들면 나도 본 게 있고 들은 게 있으니 잘할 줄 알았다. 그런데 웬걸 안 되더라. 나는 안 되나 보다 하고 좌절했다. '그럼 그렇지. 내가 뭘 또 쓴다고. 과제 도 겨우 내면서…'

그때 나는 대학원을 다니고 있었다. 시간이 조금 지 나고 나를 객관적으로 보기 시작했다. 생각해보니 박 사님은 책을 엄청나게 읽으시는 분이셨다. 글을 쓰기 전에는 많은 책을 정독했고 글을 쓰기 전에 말로 나와 대화하는 걸 좋아하셨다. 말하면서 정리하는 것, 그리 고 어떤 글을 쓸지에 관한 생각이 이미 글을 쓰기 전에 완성되어 있었다.

그러니 거침없이 글을 써 내려가는 게 그리 이상한 일이 아니었다. 그런데 나는? 읽는 책이 별로 없었다. 전공 서적 읽는 것도 겨우 따라갔으니 다른 책은 볼 수 없다고 믿고 있었다. 늘 시간이 부족했고 보고 싶은 책 이 무엇인지도 몰랐다.

그 뒤로 나는 알았다. 우선 나는 천재가 아니다. 그 러니 박사님을 더 이상 따라 하지 말자고 생각했다. 그 렇게 수준을 확 낮추니 마음이 편해졌다. 때론 내가 나 를 과대평가하는 바람에 해야 할 일을 하지 못할 때가 있다. 시작하면 끝내야 하고, 잘해야 한다는 생각 때문에 아예 시작하지 않는 게 더 낫다고 생각하면서 말이다.

그 다음으로 든 생각은 글쓰기에도 인풋(input)이 있어야 아웃풋(output)이 나온다는 것이었다. 너무 당연한 이치인데 나는 아웃풋만 기대하고 있었다. 읽은 게 없는데 좋은 글이 나오리란 전무한 일이다. 그래서 그때부터 나는 내가 버는 돈에 5%를 책 사는 데 사용했다. 학생 때는 책 1-2권을 사두고 나중에 읽었다. 돈이 생기면 나도 다른 일을 먼저 하고 싶어지기 때문에 책을 미리 사두었다. 그렇게 남이 추천하는 책이 아닌 내가 보고 싶은 책을 사기 시작했다.

나는 오랫동안 학교에 다녔기 때문에 다른 사람이 추천하는 책을 사는 데 익숙했다. 교수님들이 추천해주는 책들을 강제적으로 읽어야 했다. 그래서 도움을 받기도 하고 나의 세계관이 완성되기도 했지만, 어느 시점이 되니 사람들의 추천을 받는 게 싫어졌다. 유명한 사람이 쓴 책이라고 하면 사는 게 아니라 내가 궁금한 인생을 살고 있는 사람들의 이야기와 주제들을 찾아다녔다.

마음이 아플 때는 병원이 아닌 서점에 가서 책을 샀다. 어떤 주제가 궁금하면 서점에 가서 관련 주제의 책을 10권 정도 샀다. 중고 서점에 가서 시집도 사고 중고 수필도 사면서 행복한 마음이 생겼다. 나는 책을 싫어하는 게 아니었다.

그리고 생긴 또 하나의 버릇, 퇴고이다. 어떤 글이든 다섯 번 이상 고치면 어느 정도 괜찮은 글이 나온다. 글을 써본 사람은 알겠지만, 퇴고가 쉽지 않다. 정말 쳐다보기도 싫은 정도는 되어야 글이 나오는 것 같다.

나 지금 화났다_30

나 지금 화났다_30_a4

나 지금 화났다_40_사이즈 조정

나 지금 화났다_50_a4

나 지금 화났다_60

나 지금 화났다_70

나 지금 화났다_80

나 지금 화났다_90

나 지금 화났다_목차_10

나 지금 화났다_목차_20

내가 쓴 글을 어떻게 고치는지 보면 도움이 될 것이다. 나는 글을 쓸 때 뒤의 번호 붙이기(숫자)를 한다. 어제 글을 썼으면 10, 오늘 그 글을 다시 쓰면 20이라고 번호를 붙인다. 40 파일을 정리하면서 쓰다가 문득 10 파일에서 내가 버렸던 내용이 생각난다. 그러면 10 파일의 내용을 가져와서 붙인다.

생각은 변한다. 버리면 불안하고 아쉽다. 그리고 가끔 필요할 때도 있다. 이렇게 번호 붙이기를 하면 내가 자라고 있다는 느낌을 받는다. 어제와 다르게 나는 또 성장했다. 몇 번 내가 글을 봤는지 알게 되고 실수로 파일이 사라져도 크게 요동하지 않게 된다.

* 지루하지 않게 글을 쓰는 방법
  ① 조금씩이라도 매일 글을 써라
  ② 우선 글을 쓰고 나중에 퇴고한다고 생각한다.
  ③ 내가 쓴 글을 저장할 때 파일명에 번호 붙이기를 한다.

5. 정말 글을 쓰기 싫을 땐 묵힌다!

_ 슬럼프에서 벗어나는 법

먹는 것을 좋아해서 그런지 몰라도 정말 글을 쓰기 싫을 때, 그리고 내가 쓴 글이 자신이 없을 때, 혹은 글감이 없어서 한 줄도 써지지 않을 때 나는 글을 묵힌다.

이 방법은 내가 먹기 싫은 김치를 먹는 방법이기도 하다. 나는 세상에서 김치를 가장 사랑한다. 멀미가 나도 김치를 먹고, 밥맛이 없어도 김치를 먹는다. 속이 상할 때도 멀미한 날도 김치 한 포기를 다 먹으면 속이 편해진다. 김치는 내 영혼의 음식이다.

그런데 어떨 때는 김치가 맛이 없을 때가 있다. 그럴 때는 김치를 냉장고 밖으로 꺼내 익힌다. 그렇게 며칠을 못 본 척하면 김치가 맛있게 익는다. 농익은 김치 냄새가 나를 괴롭게 할 때쯤 찌개나 볶음밥을 한다. 그러면 또 맛있다.

글도 마찬가지다. 보기 싫은 글은 묵혀둬야 한다. 왜 묵히라고 하는가? 버리는 게 아니라 김치를 익히듯 글을 익혀서 다시 사용하려고 하는 목적이 있기 때문이다. 가끔 아이디어도 없고, 내가 쓴 글이지만 보기 싫을 때가 있다. 종종 내게 글을 언제 출판사에 보내냐고 묻는 분들이 있다. 그러면 나는 농담 반 진담 반으로 이렇게 말한다. "내가 토하고 싶을 정도로 지겨울 때 글을 보냅니다."

이 말은 정확하다. 너무 고치고 고쳐서 닮아서 더 이상 내게서 나올 것이 아무것도 없는 상태가 되었을 때, 나는 그런 글을 출판사나 친구에게 읽어달라고 보낸다.

하지만 그렇게 고치기 전에도 슬럼프에 빠질 때가 있다. 그럴 땐 글을 일주일 동안 보지 않는다. 나만 그런지는 모르겠으나 며칠간 글을 보지 않을 때는 행복하다. 마음이 편하다. 그런데 일주일을 보지 않으면 보고 싶어진다. 글을 꺼내고 싶고 책을 읽고 싶어진다. 이

때도 보지 않아야 한다.

마치 금식하는 일과 비슷하다. 내 안의 책을 읽고 싶은 마음이 가장 최대치까지 높아질 때가 일주일이다. 댐에 물을 받아 들고 방류하기 전까지 글을 읽어보고 싶은 마음을 모아둔다.

그렇게 일주일이 지나고 다시 보면 미운 마음, 글에 대한 나의 자격 없음의 원망이 많이 줄어든다. 오직 글을 쓰고 싶고 책을 읽고 싶은 마음으로 충만해진다. 이때가 글을 다시 고칠 타이밍이다.

이렇게 하면 그래도 괜찮은 글이 나온다. 그런데도 안 된다면? 그건 미안하지만 작가가 되지 말라는 사인이거나 아니면 충분한 시간과 훈련의 과정을 요하는 것일 수 있다. 괜히 글 써서 나도 괴롭고 남도 괴롭게 하지 말아야 한다. 그렇다고 하더라도 자신에게 실망해서 여기서 이 책을 손에서 놓지 않기를 바란다. 이 책의 마지막 장까지 가는 동안 나만의 길을 발견할 수 있을지도 모른다.

* 출판사에 원고 보내기 전 유의사항

어떤 작가들은 출판사에 원고를 보내기 전, 글을 잘 수정하고 보내라고 몇 번이고 의견을 주었음에도 기본 맞춤법도 정리하지 않고 보내는 경우가 있다. 자기 글에 대한 지나친 자신감은 상대에게 호감을 떨어뜨린다.

글은 나의 외모이다. 글을 읽으면 작가의 성격을 알 수 있다. 그런데 글은 성격의 문제가 아니다. 예의의 문제다. 내 글을 읽는 사람에 대한 기본적인 소통에 대한 자세와 문법에 대한 예의 없이 내 글을 그냥 보내는 사람은 자기 글에 대해서도 무엇이 문제인지를 모르는 사람이다.

겸손은 인간 누구에게나 필요한 자세이겠으나 초짜라서 맞춤법이나 윤문 정도도 하지 않고 날 것 그대로를 봐달라고 하는 작가는 자기 수준을 너무 과대평가하는 것으로밖에 보이지 않는다. 그러니 그 책은 아이디어가 좋고 조금의 기획을 하면 세상에 나올 수 있을지 모르는 그 소중한 기회를 박탈당할 수밖에 없다.

다시 말한다. 내가 천재가 아니라는 것을 혹 알게 된다면 여러 번 수정하면 할수록 좋다. 그러나 출판사도 안다. 내 글을 혼자 고치는 데는 너무 어려움이 크다는 것을. 그래도 내가 읽으며 내게서 모든 진액이 다 뽑혀 나왔다고 할 정도에 출간 의뢰를 하는 게 맞다.

6. 자기 이야기에 자신감을 가지라

자기 이야기의 주어는 '나'이다. 남의 이야기를 들을 때 우리는 감동한다. 뭔가 대단한 스토리가 있는 것 같고 그 이야기를 하는 사람이 존경스럽고 신기하다. 이런 사람은 우리와 다른 사람처럼 생각된다. 그런데 나는 왜 안 될까?

글을 쓸 때 나를 대단한 작가처럼 생각하고 시작해야 한다. 주제 파악은 이미 잘 되어 있으리라 생각한다. 그렇지 않으면 글을 쓸 때 마음이 힘들지 않았을 테니 말이다. 나에 대한 괴로운 마음을 버리고 나를 속이듯 쓴다. 고상한 말로 바꾸면 이미지 트레이닝(image training)이다. 되고 싶은 나의 모습을 머릿속에서 미리 그리면서 글을 쓰는 것이다.

창작의 고통은 창작하고자 하는 자에게 주어진 형벌이다. 이 형벌에서 벗어날 수 없다. 그래서 가끔은 나를 제3자처럼 대할 필요가 있다. 다른 사람에게는 나만큼 혹독하게 대하지 않을 수도 있다. 그러니 아직 작가가 아니지만 자신감을 가지고 작가가 된 미래의 시점으로 가서 글을 쓰는 것이다. 본래 자신감(自信感)이란 자신이 감(感)을 잡아야 하는 것이니깐!

7. 운동처럼 글쓰기는 힘을 빼는 일

작가가 되기 위해 시작한 운동은 글쓰기만이 아니다. 일부러 몸을 움직이는 운동을 시작했다. 이상하게도 나는 책상 밖을 벗어나는 일이 어려운 사람이었다. TV 앞, 책상 앞, 식탁 앞. 이게 나의 반경이다. 사람도 덜 만나게 되고, 계속 책만 보게 되니 움츠러들고 사람을 만나지 않아도 불편하단 생각이 들지 않았다.

그래서 운동을 해야겠다는 생각이 들었다. 처음으로 좋아하는 일을 오래 하고 싶다는 생각에서다. 학교 다닐 때도 1분이 아까워 밥을 굶으며 온갖 궁상을 떨며 공부만 했었다. 공부하랴, 집안 살림하랴, 일하랴… 몸이 한 개여도 부족했던 나에게 운동은 사치처럼 느껴졌다. 시간 많고 돈 있는 아이들이 하는 것으로 생각했다.

그러다 출판일을 하면서 오른쪽 손에 마비가 왔다. 오른쪽 팔을 들 수도, 만질 수도, 꺾을 수도 없었다. 어떻게 할 수도 없을 정도가 되었다. 오른쪽으로 누울 수도 없고 팔과 어깨의 어느 부분이 아픈 것 같았다. 숟가락도 들지 못해서 그저 누워만 있었다. 병원을 찾으니 목디스크가 너무 심해져서 그렇다고 했다.

생각해보니 지난 몇 개월간 밤낮으로 글을 쓰고 읽고 작업했던 것 같다. 하루에 자는 시간, 청소하는 시간, 밥하는 시간을 빼면 운동도 하지 않고 그저 책을 읽고 글 쓰고, 글을 읽다 보니 몸에 많이 무리가 되었던 것 같다.

의사 선생님 말씀대로 고무줄이 끊어졌다고나 해야 할까. 그런데 이 정도라 너무 감사하다. 달리는 법은 아는데 쉬는 걸 모르는 나라서 덕분에 멈출 수 있었다. 그래서 몸이 망가진 게 또 고마웠다.

그 뒤로 나는 필라테스를 등록했다. 몸이 얼마나 뻣뻣한지 보는 선생님들마다 처음 운동하냐고 물어온다. 운동을 시작하니 허리가 덜 아프고 책상에 오래 앉아도 괜찮다. 그런데 운동을 시작하면서 자주 듣게 된 말이 "힘 빼"라는 말이었다. 아니, 운동하러 와서 힘을 줘야지 힘을 빼라니. 도대체 무슨 말인지 알아듣지를 못했다.

세상에서 제일 쉬운 말인 힘을 빼라는 말이 나에게는 왜 이렇게 어려운지 도무지 이해하지 못했다. 거울을 보면서도 내가 힘을 주고 있다고는 생각하지 못했다. 오히려 선생님이 혹시 잘못 본 것은 아닌지 그녀의 눈을 의심하기도 했다.

그런데 차츰 시간이 지나다 보니, 선생님이 힘을 빼라고 한 말이 무슨 말인지 이해할 수 있었다. 늘 어깨와 목에 지나치게 힘을 주고 살았기 때문에 그게 힘을 빼는 것으로 생각하고 있었다. 운동을 마치고 다시 생각해봤다. 나는 그동안 힘을 주지 않았다고 생각했을 뿐 힘을 주지 말아야 할 때 힘을 주고, 힘을 빼야 할 때는 알지 못한 채 힘을 뺐다고 했었다.

힘을 빼는 걸 의식하고 운동하다 보니 훨씬 편안해졌다. 굽어진 어깨를 펴니 사람도 당당해지는 것 같다. 내가 제일 억울하게 들은 "힘 빼"라는 말이 실은 나를 건강하게 만들어주는 말이었다. 나는 지금도 일주일에 3번은 운동하려고 한다. 건강한 몸과 마음으로 글을 쓰고 읽기 위해 몸에 힘을 빼면서.

8. 블로그 글쓰기와 출판을 위한 글쓰기는 다르다

어떤 분들은 블로그에서 쓴 글들을 책으로 내려고 한다. 그러면서 자신의 블로그 이웃이 몇 명이고, 오랫동안 글을 썼으니 한번 들려서 봐달라고 한다. 이런 경우에 어떻게 블로그 글쓰기가 책 출판으로 이어질 수 있을까? 아쉽지만 블로그에 쓴 글들은 출판으로 이어지기 어려웠다. 그래서 안타까운 마음에 블로그에 쓴 글을 버리지 않고 살리는 방법을 알려줘야겠다는 생각이 들었다.

첫째, 카테고리를 주제별로 나누되 비공개로 두고 글을 써야 한다.

블로그 글쓰기에서 출판으로 이어지려면 카테고리를 활용해서 주제를 분류하면 쉽다. 예를 들어, 글쓰기라는 대주제를 카테고리로 만든다. 그리고 글쓰기에 필요한 소제목은 블로그 제목들로 생각하고 글을 써 내려가는 것이다. '글쓰기'가 상위 주제라면 '글쓰기에 필요한 것들'이 하위 주제로 들어가며, 글을 쓸 때 하위 주제를 채워가는 방식으로 진행한다.

그런데 이때도 주의해야 할 점이 있다. 비공개로 해야지 공개로 해 놓으면 곤란한 일을 겪는 경우가 생긴다. 어떤 사람들은 내가 모아서 출판하려고 하는 내용을 도둑질하는 경우가 있다. 뻔뻔하게 자기가 원조라고 이름을 붙이고 장사하는 사람들처럼, 정성스럽게 쓴 글을 도둑맞는 일들이 있다. 그래서 목적을 가지고 블로그 글쓰기를 하려고 하면 비공개로 하고 글쓰기를 훈련하면 좋다.

둘째, 블로그 글쓰기와 출판을 위한 글쓰기의 차이점을 알아야 한다.

블로그 글쓰기를 읽어주는 이웃들은 대개 나의 글을 호의적으로 읽어주는 고마운 분들이다. 그래서 간혹 '이거 내가 정말 잘하는 거 아니야?' 하면서 우쭐해진다. 여기서 문제가 생긴다. 블로그 이웃들은 이미 나를 좋아하는 분들이라 그분들의 평가만으로는 객관적이라 할 수 없다.

그런데 책 출판을 하는 경우는 블로그 글쓰기와 다르게 중요한 차이가 있다. 그들은 독자로서 '돈'을 내고 산 책이기 때문에 좀 더 정확하고 객관적인 근거의 자료를 필요로 하고, 내가 쓴 글에 대해 냉정하다. 달리 생각하면 당연한 이치다. 공짜로 받은 음식에 대해서는 공짜니깐 아무 말 하지 않고 '이게 어디야' 하지만, 내가 돈을 내고 산 음식이라고 한다면 내 권리를 주장하게 된다.

마찬가지다. 독자들도 책을 살 때 자신의 돈을 투자한 것이기 때문에 '왜 이 책을 사야 하는지'에 대한 이유를 '설득'당하고 싶어서 목차를 살핀다. 이 책은 내가 궁금해하고 알고 싶어 하는 내용이 있을지 몰라, 하면서 요리조리 살핀다.

그래서 중요한 점은 블로그 글쓰기는 예화에 대한 깨달음, 정보에 대한 식견 정도로도 충분하다고 한다면, 출판을 위한 글쓰기는 이론(원리)과 예화(경험)가 적절히 섞여 있어야 한다. 다만, 순서는 달라질 수 있다.

예화 + 주장(이론/사실/근거)

주장 + 예화

예화 + 주장 + 예화

이런 식으로 말이다.

셋째, 블로그 글쓰기의 최대 단점은 목차가 없다.

출판을 위한 글쓰기는 목적 있는 글쓰기다. 그래서 목차에서 벗어나지 않으려고 상당히 노력한다. 출판을 위한 글쓰기는 하나의 명확한 주제로 꿰는 실이 있다. 그 실에 구슬들이 하나씩 카테고리 되어 연결되어야 한다.

그런데 블로그 글쓰기는 참 어려운 점이 논지를 유지하고 있지 않을 때가 많다. 그냥 나의 일상을 이야기하고 있는 경우가 다반사다. 내 일상을 공개하는데 누가 딴지를 걸 수 있으랴. 하지만 책으로 엮을 때는 무언가 책으로 나올 '이유'가 필요하다. 감동을 주든지, 나의 삶에 공감하게 하든지, 재미를 주든지, 정보를 주든지 등의 이유 말이다.

어떤 분은 왜 매일 일기를 쓰는데, 글을 잘 못 쓰냐

고 묻는 분들이 있다. 매일 쓰는 일기는 글쓰기 실력을 함양시키지만 출판으로 이어지기는 어렵다. 일기는 개인의 이야기지만 동시에 독특한 무언가가 더 필요하다.

안네 프랑크(Annelies Marie Frank)는 제2차 세계대전 당시 유대인의 박해를 피해 2년 동안 숨어 살며 일기를 썼다. 그냥 평범한 사람의 일기가 아니라 전쟁의 참사를 기록한 기록일지로 세계기록유산으로 선정될 만큼 가치가 크다.

한사람출판사에서 출판한 독학 작곡가 하은지의 『혼자 외롭지 않기를』도 일기 형식이다. 17살의 학교를 자퇴하고 독학으로 작곡을 100여 곡 이상 하기까지 그녀는 일기를 통해 자기 삶을, 생각을 지켜냈다. 사람들은 드러난 음악을 보고 천재라고 환호할지 모르나 우리는 그녀의 일기를 통해 어릴 적 그녀의 삶을 마주한다. 이런 일기는 일기 자체만으로 가치가 크다.

그래서 블로그 글쓰기나 일기는 글쓰기 습관을 기르는데 훌륭한 도구들이지만 책 출판을 위해서는 다른 종류의 글쓰기가 필요하다고 하는 게 이런 이유 때문이다.

9. 안 좋은 글쓰기 습관

글을 편집하다 보면 참 고치기 어려운 부분이 있다. 어떻게 글을 이렇게 쓰는지 반문하지 않을 수 없게 만드는 작가들이 있다. 학위, 학력, 경력의 문제가 아니다. 글쓰기는 사고훈련이다.

글은 말처럼 자기만의 습관이 있어 고치기 어렵다. 그래서 글을 쓸 때는 자기가 자주 틀리는 문법이 무엇인지를 알 필요가 있다.

내가 아는 한 작가는 글을 쓸 때마다 어미에 '~라는 것이다.'라는 말을 썼다. 이 문장보다는 '~이다.'가 더 나은 문장이다. 그러면 혹자는 이렇게 반문할 것이다. 맞춤법을 돌려도 나오지 않는데 어떻게 고치냐고 질문한다.

그럴 때 나는 이런 조언을 한다. "당신이 자주 보는 책을 한 권 들고 오세요." 그 책에서 자신이 좋아하는 글귀를 찾아보게 한다. 그러면 그 사람은 자기가 즐겨 읽는 책이기 때문에 이 점이 좋다고 하면서 줄 친 부분을 보여준다. 나는 그 부분을 여러 번 읽으라고 말하고 이 문장이 좋다고 한다면 당신의 글에도 이 부분이 이렇게 고쳐지면 어떻겠냐고 가르쳐준다.

대화로는 아무 문제가 되지 않지만 글로 읽으면 정말 난감할 때가 있다. 맞춤법으로도 나오지 않는 몇 가지 문제가 당신 몸에 습관이 되지 않도록 예방하기 위해 몇 가지를 적어본다.

첫째, 주어와 술어가 일치하지 않는 경우이다. 이 말은 어려운 게 아니다. 주어는 문장에서 하나로 설정하고 그 주어가 사람이면 사람에게 맞는 술어를, 사물이면 사물에 맞는 술어로 고쳐야 한다. 사물인데 높임말을 쓰는 경우가 있는데 맞지 않는다.

둘째, 외래어나 한자어를 표시할 때는 한글로 친절하게 바꿔서 표기하고 괄호 치기를 해야 한다. 물론 이런 방식도 옛날 방식이라고 하는 사람도 있다. 그러나 책을 읽는 독자에게 불편함을 주지 않기 위해 노력해야 하고 인명, 지명에 대한 한글식 발음만 있으면 안 된다.

셋째, 반복되는 단어는 자꾸 사용하지 말고 다른 단어로 바꿔쓴다. 사실 이 부분은 한국 사람들이 많이 하는 실수이기도 하다. 실수인지 모르고 편하게 사용하는 말들이다. 같은 의미를 가진 말들이 있는 경우 단어의 의미가 같다면 조금씩 바꿔준다. 이것을 패러프레이징(paraphrasing)이라고 한다. 인터넷 국어사전에 보면 비슷한 말이 나온다. 하나의 단어이지만 같은 의미로 쓰이는 단어를 폭넓게 사용하면 글의 품격이 높아진다.

넷째, 부사나 형용사를 많이 사용하는 경우이다. 매우, 정말, 잘, 너무, 사실 등의 꾸밈어가 너무 많으면 글이 피곤하다. 장식구가 덕지덕지 붙어 있는 것 같아 글을 읽는데 힘들고 불필요한 느낌을 준다.

그래서 습관적으로 쓰고 있는 미사여구를 빼야 한다. 그런데 문제는 자신이 어떤 미사여구를 사용하고 있는지 모르고 있으므로 고치지 못하고 있고, 고치지 않은 상태에서 출판사에 원고를 투고하기 때문에 출판사 입장에서는 거절할 수밖에 없다.

* 원고를 받은 출판사의 독백:

　　퇴고도 제대로 보지 않고 이렇게 무성의하게 보내다니?

　　초보 작가인가 보네. 글은 좋은데 고민되는군.

　　어쨌든 특별한 이유가 아닌 이상 이런 글들은 뽑히지 않는다. 그것은 출판사에서 이 책을 붙들고 있을 시간이 작가가 생각하는 그 이상으로 많이 걸리기 때문이다.

　　다섯 번째, 표준어를 사용하지 않는 경우이다. 사투리를 일부러 사용해야 하는 경우가 아니라고 한다면 표준어를 사용하는 것이 맞다. 그런데 요즘 줄임말이 너무 일상화되어 있어서 그런지 글을 쓸 때도 이런 현상이 나타난다.

　　예를 들어, 난(나는), 전(저는)과 같은 말이다. 예외인 경우는 있다. 그러나 표준어, 맞춤법을 적용하는 것은 글을 읽는 사람에 대한 최소한의 예의이고 질서이다. 이 점은 독자들에게도 중요한 의미를 준다. 책은 책을 많이 읽는 사람이 보기 때문에 글이 정리되어 있지 않으면 불편해서 읽지 못한다.

　　여섯 번째, 수동태를 지양해야 한다. 우리나라 말에

는 수동태가 없다. 수동태와 능동태는 영문법에서 배운다. 수동태는 무언가의 영향을 받아 내가 그렇게 된 것이다. 그래서 작가 지망생 중에 자꾸 글을 쓸 때 수동태로 사용하고 있는지도 모르고 사용하는데 이걸 모르니 어떤 작가의 글은 300개 정도가 나와서 글을 다시 작가에게 돌려준 적도 있다.

작가가 된 다음부터 이런 실수들을 방지하기 위해 내가 하는 습관이 있다. 카톡을 사용할 때도 맞춤법, 띄어쓰기를 생활화하는 일이다. 이건 대충 하고, 저건 똑바로 하고. 이렇게 되지 않는다. 습관이라는 건 무서워서 인간을 자동화된 방식으로 만든다. 대충 띄어 쓰고 줄임말을 쓰다 보면 글에도 반영되는 건 당연한 이치다.

10. 교정하면 다 끝난 거 아닐까요?

교정을 하는 가장 간단한 방법은 맞춤법부터다. 우선 맞춤법은 한글 프로그램을 사용하면 된다. 그러나 이것으로 만족하지 말고, 네이버 포스터에서 맞춤법이 자동으로 바뀌니깐 그것을 활용하면 편하게 고칠 수 있다.

하지만 AI가 잡아서 고쳐놔도 완벽히 고치지는 못한다. 그러니 출판사에 의뢰하기 전에, 주변의 관련 일을 하는 사람들에게 의뢰를 하는 것도 좋다. 이때는 표시를 해달라고 요청해야 한다. 글을 돌려받고 내가 원래 쓴 글이 무엇이었는지 찾는 건 또 다른 피곤함이다. 나는 지인들에게 부탁할 때 프린트를 해서 준다. 그러면 편집자들이 프린트에 표시해서 주고 내가 그 표현이 적합하고 더 낫다고 생각되면 바꾼다.

* 다른 사람 도움없이 쉽게 교정하는 방법

　① 한글과 컴퓨터 프로그램을 활용해서 맞춤법 검사

　② 네이버 포스터에서 맞춤법 자동검사

　③ 국문학, 문예창작학과 나온 친구들에게 부탁하기

교정은 나만 하면 안 된다. 외주를 줘야 하는 이유가 있는데 글을 쓰다 보면 내 글에 익숙해져서 잘 보이지 않기 때문이다. 책을 몇 사람이 달라붙어서 봤는데도 틀린 글자가 나오는 이유는 이 때문이다.

그리고 교정을 보는 사람이 나와 비슷한 수준이어야지 내가 쓴 글이 틀렸다고 하지 않는다. 어떤 분은 자신이 쓴 글을 여러 명에게 보내서 평가를 해달라고, 그리고 고쳐 달라고 부탁했다고 했다. 그런데 내가 그 글을 읽어봤을 때는 봐준 사람들의 수준을 의심할 정도로 글을 잘 봐주지 않았다. 다르게 말해, 고쳐주지 않는다는 말이다.

나중에 작가 말고 그 글을 고쳐준 사람 중의 한 명을 만났다. 그 사람은 글을 가르치는 사람이었다. 그분이 조심스럽게 말하길, 이 글을 어디서 어디까지 고쳐야 할지 갸름할 수 없어서 손을 데지 못했고 또 다른 이유는 장르가 달라서 잘 보지 못했다고 했다. 이제야 나는 수수께끼가 풀렸다. 다른 사람에게 글을 고쳐 달라고 할 때 유의해야 할 부분이다.

* 다른 사람에게 글을 고쳐 달라고 할 때 기억해야 할 점

   ① 장르를 이해할 수 없으면 퇴고가 어렵다

   ② 교정은 프로그램을 통해 어느 정도 가능하지만 그래도 놓치는 게 있다

   ③ 윤문은 글에 대한 사전지식이 있어야 가능하다

어떤 작가는 또 이런 말을 한다. 사람들에게 글을 잘 비평해달라고 하면 좋았다고만 하고 별말을 하지 않는다는 하소연이었다. 그건 작가가 너무 몰라서 그렇다. 글을 봐달라는 걸 가벼운 부탁이라고 작가는 생각할지 모르지만, 글을 본다는 것은 글을 읽고 내 생각을 적고 더 나은 방향으로 고쳐주는 '윤문'을 포함하는 행위이기 때문에 시간과 에너지가 많이 쓰인다. 그런데 그것을 가볍게 생각하고 그냥 한번 봐달라고 하면 누가 내 책에 정성을 보일까?

이럴 때는 무턱대고 많은 사람에게 보낼 필요가 없다. 몇 명에게만 보내면 된다. 그리고 되도록 이런 부탁을 할 때는 만나서 내가 이 글을 왜 썼고 어떤 점이 부족한지를 설명하는 시간이 필요하다. 이왕이면 맛있는 것도 사주고 선물이나 재정을 주면 좋다. 마음이 통하

려면 입이 열려야 한다. 그리고 시간을 넉넉히 줘야 한다.

남의 글을 읽어보거나 고쳐본 적이 없는 사람은 이게 얼마나 고생스러운 일인지 모른다. 그래서 전문 편집자가 있는 건 다 이유가 있어서다. 내가 그렇게 토할 정도로 완성한 글이라고 해도 생각보다 많이 고쳐야 한다는 사실에 작가들은 또 한 번 놀란다.

11. 책을 좋아해야 작가 근처라도 간다

커피를 좋아하는 사람이 카페를 하면 손님들도 행복하다. 빵을 만드는 걸 좋아하는 사람이 베이커리를 만들어야 믿음이 간다. 같은 음식을 팔아도 그 일을 좋아하는 사람이 하면 신기하게도 손님들도 알아차린다.

작가도 마찬가지다. 작가가 되기를 지망한다면 최소한 책을 좋아하는 사람이어야 한다. 보는 책이 있고 읽고 싶은 책이 있으며, 백화점 대신 서점을 쇼핑해도 전혀 불편하지 않는 사람이어야 한다. 그렇게 책과 호흡하며 책에 대해 조금 아는 그런 사람이 글을 써야 한다.

신기하게도 어떤 사람은 다른 사람의 책을 읽지 않는 사람이 있다. 물론 유명한 사람 중에 몇몇은 그런 분들이 있다. 하지만 그분들도 어느 정도의 수준이 되기까지 엄청나게 많은 책을 읽었다.

책을 좋아하는 사람은 책에 대한 감각이 생긴다. 책이 어떻게 만들어지는지를 이해해야 독자와 대화할 수 있고, 시대적인 분위기를 읽을 수 있다. 이미 다 나온 이야기를 본인만 뒤늦게 깨달았다고 자화자찬해 봐야 아무 소용이 없다.

그래서 글을 쓰는 사람은 다른 사람의 글을 읽을 수밖에 없고, 책의 제목을 볼 때도 그냥 지나칠 수 없다. 왜냐하면 그 모든 풍경에 '작가' 대신 '나'를 대입하며 나라면 어떻게 제목을 만들었을까를 상상하지 않을 수 없기 때문이다.

그래서 작가가 되기 위해서는 책을 가까이해야 한다. 책을 읽고 사지 않고 노력하지 않는다면 자기를 속이는 일일 뿐 아니라 출판사와 저자, 독자 모두를 기만하는 일이 될 게 뻔하다.

12. 당신이 글을 쓰는 이유

_ 검색어에 내 이름을 검색해서 나올 때

글이 책이 되어 세상에 나오게 될 때 마냥 기분 좋은 건 아니다. 이때 비로소 현타(현실자각타임)가 온다. 글은 책보다 좀 쉽다. 글을 쓰며 행복한 건 기본이고 때로는 울컥거리기도 하고 스스로 치유되기도 한다.

그런데 책으로 나오면 남들 앞에서 벌거벗겨진 그런 기분이 든다. 내가 쓴 글을 누군가 읽고 그것을 가지고 이러쿵저러쿵하는 이야기를 듣는 건 쉬운 일이 아니다. 그래도 나는 당신에게 꼭 책을 쓰라고 권하고 싶다. 그 이유는 내가 쓰는 '글'이 누군가를 섬기는 일이 될 수 있기 때문이다.

먹는 건 잠시 배고픔을 채워주지만, 책은 영혼을 채

운다. 내가 가지고 있는 이야기가 사람을 살리는 소재가 된다.

나는 가난한 집에서 자랐고 돈을 벌기 위해 상업고등학교를 다녔다. 그런데 들어가고 보니 나는 취업이 아닌 대학에 가야 했던 사람이었다. 내가 무엇을 좋아하는지 물어보는 사람도 없었고 알뜰히 살펴주는 이 없으니 잘못된 진로를 선택해도 막는 이가 없었다.

그렇게 하고 싶은 게 아닌 해야 하는 것들 가운데 현실을 바꿀 방법이 생각나지 않았다. 그래서 글을 쓰기 시작했다. 내가 처한 상황을 바꾸려는 게 아니라 이해할 수 없는 환경에서 숨을 쉬기 위해서 말이다. 내가 사는 법이 글쓰기였다. '너는 되고 왜 나는 안 되는지'를 물으며 아무도 기대하지 않던 나였지만 유일하게 나를 내가 기대하며 글을 쓰기 시작했다. 그때는 그냥 하소연이 가득한 글이었고 다 쓰면 조금 뒤 버려지는 글들이었지만 글쓰기는 나를 위로하는 방편이 되었다.

그렇게 몇 권의 책을 출간하고 용기가 생겼다. 혹시 나같이 자신 없고 방황하는 사람이 있다면 그들을 위해 뭔가 해야 할 일이 있지 않을까? 이왕이면 남을 아프게 하는 글이 아닌 다른 사람을 섬기고 살리

64

는 글을 쓰고 싶다는 생각이 들었다(Not Success but Service). 이런 생각을 하니 글로 다른 사람을 비방하거나 아프게 할 수 없었다.

나의 작은 경험과 사건으로 세상 모든 사람을 배부르게 만족시킬 수 없으나 내가 겪은 일과 비슷한 사람들에게, 그리고 내가 한 고민들을 가지고 있는 사람들을 위해 글을 쓰기 시작했다.

글은 내가 모르는 이에게까지 닿는다. 드러나지 않고 조용히, 잔잔히 그들의 마음에 앉는다. 한꺼번에 방출하는 댐처럼 큰 용량은 가지고 있지 못하지만 조금씩 흘려보내는 '냇물' 같은 이가 되기를 소망하며 말이다.

13. 꾸준한 글쓰기를 원한다면 카페에 가라

나는 매일 글을 쓴다. 하루에 A4 한 페이지라도 꼭 쓰려고 노력한다. 그런데 이게 쉬운 일일까? 그렇지 않다. 전문 작가가 아닌 이상 어려운 일이다. 그런데 전문 작가는 태어나는가, 만들어지는가? 나는 만들어진다고 믿는다. 그래야 내가 할 일이 있으니깐. 대부분 사람들도 후자에 해당하지 않을까? 인간 누에고치처럼 술술 글이 나오는 사람은 천재니깐. 그런 사람은 나와는 상관없다.

나는 매일 글 쓰는 게 너무 힘들었다. 집에 있으면 집에 있으니깐 설거지, 빨래 등 해야 할 집안일이 있고, 그러다 보면 시간이 잘 가고, 힘드니 쉬어야 하고… 어떤가? 여러분의 일상이나 나의 일상이 비슷하지 않은가? 그래서 어떻게 되었나? 망했다.

나는 집에서 내가 글쓰기를 할 수 없다는 걸 알았다. 그래서 아침에 눈을 뜨면 노트북을 챙기고 집 근처 카페에 갔다. 무조건 그곳에 가서 아침에는 톨 사이즈 바닐라라테를 주문하고 자리에 앉는다. 그리고 그 음료를 먹을 때까지 글을 쓴다. 어차피 오래 쓸 수는 없다. 눈치가 보이니 한 시간 안에 글을 쓰고 나가야 한다.

이렇게 하나의 루틴이 될 때까지 일 년을 카페에 다녔다. 돈이 아깝지 않냐고? 너무 아까웠다. 그런데 한편으로 그냥 '글쓰기 학원'에 다닌다고 생각하지, 뭐. 이런 생각이 들었다. 그렇게 장소와 시간을 따로 정해두니 글쓰기가 습관이 되었다. 일 년을 반복하니 말이다.

굳이 카페에 가지 않아도 이제는 집에서 글쓰기가 가능해졌다. 아침에 일어나 똑같이 머그잔 가득 모카골드 3개를 털어 넣고 자리에 앉으면 글쓰기를 위한 환경은 끝이다. 그리고 내가 좋아하는 음악을 틀고 글쓰기에 들어간다. 그때부터 뇌는 나에게 말을 건다. "이제 다 됐어. 시작이야!"

이때 주의할 점이 있다. 잘 쓸 생각을 하면 안 된다. 무조건 '다다닥' 키보드를 연주하듯 두드릴 생각만 해야 한다. 물론 키보드 소리가 "다다닥…" 이렇게 나지는 않지만, 한컴 타자 연습을 하듯 쳐야 한다. 이 말은 쉬지 말고 치라는 말이고, 문장을 고치면서 쓰지 말라는 것이다. 다다닥 치다 보면 양이 채워진다. 그리고 그 다음에 고친다.

글감은 내가 쓰고 싶은 책을 구상해서 쓰면 된다. 그런데 글은 그냥 쓰면 안 된다. 먼저 내가 쓰려고 한 책과 비교해서 어떤 책이 시중에 나왔는지를 탐색해야 한다. 어떤 작가는 자료 탐색을 소홀히 하고 책을 썼다가 사장되는 경우도 있다. 글의 내용이 참신해야 출판사에서 뽑아준다.

내가 쓰고 싶은 주제가 '글쓰기'라고 해도 마찬가지다. 적어도 내가 쓰고 싶은 주제와 밀접한 관련이 있는 책은 10권 이상 찾아보고 정독해야 한다. 출력(output)은 절대로 입력(input)과 무관하지 않다. 내게 있는 것이 나온다.

글을 쓰고 싶은 주제가 있다면 참고자료를 이렇게 작성하고, 최소 5권 이상은 찾아서 이렇게 정리해 보자.

* 내가 쓸 책과 비슷한 책 찾아 정리하는 법

제목:

저자:

출판년도와 출판사:

목차:

기억에 남는 점:

　1) 디자인

　2) 목차

　3) 내용

내 책에 넣고 싶은 부분

영어단어도 아는 단어는 듣기 평가할 때 자연스럽게 들린다. 수고하지 않아도 아는 단어니깐 귀에 들린다. 글도 마찬가지다. 내가 모르는 것은 나에게서 나올 수 없다. 그래서 글을 쓰기 전, 자료를 탐색하고 내가 쓰는 글이 이전의 나온 글보다 어떤 점이 참신하고 차별점을 가졌는지 먼저 답할 수 있어야 한다.

이런 의미에서 필사도 그냥 하면 안 된다. 백번 옮겨봐야 아무 소용없다. 이것을 그냥 필사하기 vs 암기하며 필사하기로 바꿔서 설명하고자 한다. 그냥 필사하기는 내가 좋아하는 문장, 내 마음에 와닿는 문장을 그대로 옮기는 행위이다. 이 경우, 필사가 끝나면 또 책을 읽으며 옮긴다. 한 장, 두 장 필사한 노트의 분량이 늘면서 만족할 수 있지만 머리에 잘 남지 않는다. 왜 그럴까? 손의 만족만 주어서 그렇다. 머리까지 들어가지 않았으니 인출되지 않는다. 글로 응용해 쓸 수 없다.

이 방법이 아닌 '암기하며 필사하기'의 방법을 생각해보자. 정확히 암기하지 않더라도 한 문장이라도 마음에 남으면 그 문장을 글로 쓸 때 사용할 수 있다. 10문장을 모르더라도 제대로 알고 있는 한 문장은 오랫동안 기억에 남는다. 암기가 부담스럽다면 적어서 잘 보이는 곳에 두어도 좋다. 계속 생각하고 입으로 소리를 내어 영혼에 새긴다. 이 방법이 글쓰기에 도움이 되는 필사 방법이다.

14. 매일 잘하기 매일 자라기

다이소에서 행운목을 샀다. 조교 시절 교수님의 식물을 다 죽인 이후, 나는 식물을 키우는 일은 나와 상관없는 일이라 생각했다. 그런데 우연히 행운목이 눈에 들어왔다. '물에 담가만 두면 자라지 않을까? 죽지 않을지도 몰라.' 나답지 않은 일이었다. 그리고 무심하게 물에 담가놓았다.

그런데 어찌된 일인지 잘 자라고 있다. '마치 나 여기 있어요. 오늘은 이만큼 자랐어요.' 하듯이 말이다. 생명의 열정을 강하게 품기며 존재감을 드러내고 있다.

책을 쓴다는 건 쉬운 일이 아니지만 일상처럼 글쓰기가 반복되면 이로운 점이 너무도 크다. 그래서 책을 쓴 사람은 계속해서 책을 낸다.

김종원 작가는 62권을 썼고, 대통령의 글쓰기로 시작한 강원국 작가도 15권을 썼다. 유영만 교수는 92권을 썼고, 이어령 교수도 280권을 썼다. 그러면 나는? 나도 계속 쓰고 있다. 앞으로도 충실한 작가요, 강연자가 되기 위해 나는 오늘도 글을 쓴다.

그런데 이상하지 않은가? 쓰는 사람은 계속 쓰고 못 쓰는 사람은 내리 못 낸다. 왜 그럴까? 무슨 차이가 있을까? 다른 방법은 없다. 매일 잘하기가 매일 자라기를 만든다. 내가 매일 자라기 위해서는 매일 글을 써야 한다. 그게 내가 잘하는 일이 된다.

매일 해야 할 일이 있는 사람은 행복한 사람이다. 유 퀴즈에 나왔던 택배기사가 한 말이 생각난다. 온전한 문장은 아니지만 그때 기억을 가지고 문장을 만들면 이랬다. "부동산에 앉아서 사람들이 오기를 기다리는 일은 힘들었다. 그런데 택배 일을 하니 매일 나를 기다리는 택배물들이 내가 필요하듯 반갑게 맞이해주었다. 내가 해야 할 일이 있어서 좋았다."

나는 글쓰기도 그렇다고 생각한다. 어제 다듬은 글을 오늘도 다듬고, 오늘 써야 할 글을 또 쓰고. 좋은 문장을 발견하면 기억하고, 잘 될 일을 상상하고. 더욱이 아무런 피드백이 없는 날에도 매일 내가 해야 할 일을 묵묵히 해나가는 사람은 행복한 사람이다.

때때로 지겹고 서글프기도 하지만 이런 일이 자기와의 싸움이 아니라면 무엇이 또 있겠는가? 그때는 잘 썼다고 생각했지만, 시간이 지나면 글이 달라진 게 아니라 내가 달라지니 고치지 않을 수 없다. 글이 자란다는 건 실은 내가 성장하는 일이기 때문이다. 그러니 성장을 멈출 수 없듯이 글쓰기를 하는 일은 오늘 하루를 잘 마감하는 일임이 분명하다.

B.

드디어
작가가 되다

_검색하면 내 이름이 나오는,

1. 기획이 절반이다
_소재를 찾는 방법, 메모 활용, 책 읽는 방법까지

글을 쓰는 사람에게 기획은 글의 소재를 찾는 일부터 시작해서 목차를 완성하는 일이다. 글의 중요한 뼈대를 세우는 일이 된다. 먼저 글의 소재를 어떻게 찾아야 할까? 내가 쓰고 싶어 하는 주제가 있을 것이다. 그 주제와 관련된 키워드를 가지고 도서관 사이트에 들어가 검색어를 입력한다. 그리고 사람들이 어떤 책을 좋아하는지, 어떤 책이 대출되는지 살핀다.

그리고 내가 왜 이 글을 쓰려고 하는지를 생각해야 한다. 글쓰기의 소재는 동일하나 글을 쓰는 작가의 목적이나 관점에 따라 글의 성격이 달라진다. 그래서 나는 글쓰기의 소재보다도 글쓰기의 범주를 먼저 정하는 편이다. 내 글이 정보를 제공하기 위한 것인가, 혹은 시대적으로 화제를 삼을 수 있는 것인지, 아니면 감동을 주기 위한 것인지를 정한다. 이렇게 글쓰기의 목적이 무엇이냐에 따라 같은 소재에 다른 느낌을 준다.

'떡볶이'를 소재로 삼는다고 해도 떡볶이를 통해 감동을 주고자 하는 목적이 되면 나의 경험에서 일어난 일을 토대로 글을 써야 할 것이고, 정보를 주기 위한 것이라면 떡볶이라는 이름이 붙여지게 된 계기와 역사, 지금의 응용법으로 통용되기까지의 과정을 담아야 할 것이다. 혹은 떡볶이가 간편하게 먹을 수 있는 음식이라고 주장한다면 왜 그렇게 생각하는지에 대한 논증을 덧붙여야 할 것이다.

그런데 간단한 주제라고 해도 생각이 잘 나지 않을 수 있다. 그래서 나는 메모를 하는 편이다. 종이에 적기도 하고, 메모 어플, 포스트잇 어플을 활용해서 순간적으로 생긴 아이디어를 담는다.

한 가지 주제를 생각하다 보면 연결될 때가 있다. 전혀 상관이 없는 음악, 책, 이야기 속에서 내가 생각한 주제와 이상하게 맞아떨어질 때가 있다. 그런데 그것은 찰나의 떠오른 것이라 잠시 뒤 사라진다. 그래서 메모가 필요하다. 메모에 옮겨 적으면 비로소 내 것이 되고 내게 남는다.

그리고 관련 책을 읽을 때도 처음부터 읽지 않는다. 우리네 교육은 책은 모름지기 앞에서부터 읽어야 한다고 배웠다. 그래서 지금도 그렇게 읽지 않으면 약간의 죄책감(?)이 생긴다. 하지만 출판을 위한 자료 탐색이라면 필요한 부분만 읽어도 충분하다. 내가 원하는 정보를 찾기 위해 그 부분을 읽고 책을 덮어도 된다. 억지로 채워서 읽다가 아이디어를 놓칠 수 있다. 책을 다 읽었다는 안도감보다 정보에 대한 사실을 붙잡는 게 훨씬 도움이 된다.

또한 작가가 되기 위해서는 아무 글이나 읽어서는 안 된다. 글은 때때로 내가 경험하지 못한 실재를 책이라는 매개를 통해 얻는 행위이다. 글을 읽을 때 성장한다는 것은 남다른 삶의 관점을 얻고 다양하게 사색할 수 있다. 그리고 아침과 저녁, 일부러 시간을 내서 책을 읽어야 한다. 나는 책상 위의 몇 권의 책을 올려놓고 한 챕터씩 읽는다. 다양하게 읽으며 다른 사람의 생각을 또 생각한다.

그런데 읽다가 좋으면 감동에서 끝나지 않고 반드시 기록으로 남긴다. 다산 정약용 선생님도 둔필승총(鈍

筆勝聰, 둔필의 기록이 총명한 기억보다 낫다)이라 했
다. 예를 들어, 내가 둔필승총이라는 말을 적어놨다고
해 보자. 좋은 말이니깐 적어놨다는 것으로 끝나면 안
된다. 내가 적는 이유는 써먹기 위해서다. 내가 어떤 목
적을 가지고 글을 쓸 때 '논증'으로 뒷받침하기 위해 기
록한다.

2. 책이 나오면 알게 되는 것들

_인간관계가 정리됩니다

자기 이름이 적힌 책이 이 세상에 나오게 된다는 것은 어떤 의미일까?

첫 미팅
첫 키스
첫 출산
첫 월급

그리고 내 이름 석 자가 오롯이 새겨져 있는 '첫 책'일 것이다.

작가가 되면 서점에 가서 내 책이 있는지 확인하게 되고, 사람들의 리뷰를 꼼꼼히 살핀다. 혹시 누군가 내 책을 들고 있지는 않은지 매대 주변을 어슬렁거리기도 하고, 책 제목을 검색하는데 시간을 보내기도 한다.

책을 쓰고 나면 확실히 좋은 점이 있다. 많은 선배 작가들이 말하는 것처럼 책을 내면, 내가 나를 소개하는 것이 아니라 책이 나를 소개한다. 하지만 이 말도 초짜 작가들에게는 사실 해당하지 않는 것 같다. 앞서 말한 것처럼 '내'가 책을 내도 세상은 꿈쩍하지 않는다. 그러므로 책을 내면 내가 열심히 홍보하고 다녀야 한다.

나는 책을 내고 확실히 인간관계가 정리됐다. 처음에는 책을 내고 부끄러워할 일이 아닌데 내가 내 책을 홍보한다는 게 부끄러웠다. 왠지 출판사가 내 책을 열심히 홍보해주기를 바랐다. 그래서 입장이라는 게 참 재미있는 것 같다. 작가일 때는 나도 출판사가 홍보해야 한다고 생각했었다. 그런데 출판사를 하다 보니 책은 작가가 파는 것임을 비로소 알았다. 작가의 유명세가, 작가의 글이, 작가의 인생이, 작가의 관점이, 작가의 사람들이…. 그래서 나는 작가들에게 이 점을 미리 알려준다.

처음 책을 내고 출판사로부터 받은 증정도서 10권

은 너무 소중했다. 내가 책을 사야겠다는 생각은 하지 못했고 10권을 가지고 누구에게 인사할지만 생각했었다. 소심하게 주변 사람들에게 책이 나왔다고 알리는 정도로 내 할 일을 했다고 생각했다. 당연히 메시지를 보낸 나의 '의도'를 알고 책을 사줬을 것이라 으레 짐작했다. 쑥스러워 확인조차 하지 못했다.

그런데 나중에 알고 보니 내가 낸 첫 번째 책은 그리 많이 팔리지 못했다. 지인 중에도 어떤 분들은 나를 아끼는 마음에 책을 사주는 정성을 보여주기도 했지만 대부분은 축하한다는 메시지로 끝났다.

몇 권의 책을 더 내니 이제 알게 된 게 있다. 가끔은 도와줄 것 같은 사람이 도와주지 않을 때, 그리고 할 만한 능력이 있는 사람이 신경 쓰지 않고 잊어버릴 때. 그건 이 사람이 바쁘지 않다는 게 아니라 내가 그만큼 중요한 사람이 아니었다는 것을 알게 된다. 그래서 나는 책을 통해 사람을 다시 보게 되었다.

어떤 사람은 내가 받은 10권의 책 중에 1권을 보냈는데 감사 인사조차 하지 않는 사람도 있다. 내가 인사를 해야 하는 사람, 영향력이 있는 사람이라고 생각해서 줬지만 그 영향력을 나에게 쓰지 않는 걸 보며 마음이 상했다. 그래서 나는 그다음부터는 잘 보일 사람에게는 책을 주지 않는다. 너무 비굴해져서.

사실 내 책을 누군가에게 소개하는 것은 쉬운 일이 아니다. 하지만 경험하지 않았어도 상대가 호의적이고 진취적으로 나의 기쁨에 동참해줘서 더 친밀해지기도 한다.

책을 내고 십 년 만에 선배를 찾아갔다. 책을 소개하고 도움을 좀 받고 싶은 마음이었지만 그렇게 하기에는 너무 연락하지 않았던 사이라 걱정스러웠다. 그냥 얼굴이나 오랜만에 보자고 하는 마음으로 갔는데 선배는 도움을 주려고 애써주었다. 이 사람은 원래 이런 사람이었다. 내가 자주 만나든 오랜만에 찾아가든 말이다.

책을 내면 내 말이 무슨 말인지 알게 될 것이다. 자연스럽게 나에게 다가오는 사람, 그리고 멀어지는 사람이 생긴다. 축하한다는 말만 하는 사람과는 관계를 깊이 있게 다시 생각하게 된다. 나에게 기쁜 일이 너에게는 좋은 일이 아닌 것 같은 그런 느낌이라고 해야 할까?

3. 첫 인세 받던 날

작가가 되면 다들 인세를 얼마나 받았냐고 묻는다. 사람들의 호기심은 거기까지인 것 같다. 인세부터 물어보면 기분이 별로 좋지 않다. 호기심이라는 건 알지만 내가 해 줄 말이 별로 없다. 많이 받는다고 하면 많이 받으니깐 나보고 밥을 사라고 할 것이고, 적게 받으면 그렇게 받으면서 뭐 이런 걸 하냐며 핀잔을 줄 게 뻔하다. 사람들은 책에 대한 관심보다 돈에 대한 관심이 항상 크다.

가끔은 나도 출판사로부터 인세를 받는다. 특히 전자책 같은 경우에는 명확해서 좋다. 이것도 출판사마다 다 달라서 어떻게 하냐고 물으면 약간 영업 비밀(?) 같지만 나는 판매가격의 10%를 받는다. 10%면 거의 베스트셀러, 몇만 권 찍은 사람과 같은 동류에 속한다.

오늘은 인세로 분짜를 사 먹었다. 전자책 6개월 인세치고는 치킨 두 마리 정도 나오는 비용이다. 처음에는 흥분했다가 나중에는 얼마 되지 않는 게 이상했다. 그런데 달리 생각하면 가만히 있는데 누가 치킨값이라도 줄까를 생각하며 감사했다.

출판사를 운영하기 전까지 작가에 대해 잘못 생각한 것 중의 하나가 인세에 대한 부분이다. 유명 작가는 많지 않다. 그들은 이름값으로 먼저 인세가 나간다. 그러나 대부분은 그렇지 못하다. 요즘은 더더욱 반기획이 붐이 되어 작가가 비용 일부를 낸다. 몇백만 원을 내고 선인세를 받았다고 말하는 게 나는 이상하게 들렸다. 왜 내 돈을 주고 내가 돌려받지? 그래서 나는 이렇게 운영하지 않는다.

출판사를 하면서 알게 된 건 인세로 돈 받아서 집 사고 차 사고하려면 어쩌면 그 분야에서 최고인 사람들의 이야기일 뿐이다. 대부분은 그렇지 않다. 인세로 먹고산다면 길은 멀고 험할 것이다. 나라고 가지 못하란 법은 없지만 마음먹은 대로 되는 건 아니지 않은가! 어찌 보면 글쓰기도 탁월함이 필요하고, 독자들의 요구와 시대상이 맞아야 하고, 누군가에게는 운(?)이 맞아야 할지도 모른다.

4. 플랫폼을 활용하는 사람이 진짜 똑똑한 작가

_ 내 책이 나오면 무엇하실래요?

몇 명 되지는 않지만 그래도 우리 출판사에도 미래가 유망한, 그리고 똑똑한 작가들이 있다. 여기서 '똑똑한'이라는 뜻은 주관적인 의미에서의 똑똑함이다. 내가 말하고자 하는 똑똑한 작가들은 출판사를 통해 그다음을 생각할 줄 아는 이들이다.

한 작가님의 말에 따르면, 자신은 이 책을 통해 다음의 디딜 계단을 만드는 것이라고 표현했다. 그래서 출판사는 자기를 위해 플랫폼(platform)을 마련해주는 곳이기 때문에 고맙다고 했다. 나는 그의 말이 무슨 말인지 이해한다. 그는 이 책을 출판해 받을 인세를 생각하는 게 아니라 책을 통해 자기가 일할 공간을 만들고 있다. 실제로 책을 통해 강의하고, 책을 통해 사람들을 만나며 자기를 알리니 이전에 가지고 있던 학위보다 훨씬 나은 환경이 되었다고 했다.

또 다른 작가님도 비슷한 말을 했다. 작가는 자기가 책을 쓰면 베스트셀러가 될 것이라고 착각하는데 책은 그냥 저절로 날개를 뻗치며 나가지 않는다는 걸 알았다고 했다. 그래서 이 책을 가지고 자기가 마치 판로를 개척하듯 열심히 자기를 위해 노력해야 한다고 하면서 사람들을 만나러 다녔다. 그 결과 그도 강의를 하고 있다.

나도 그렇게 책을 활용하고 있다. 요 몇 년 내가 한 강의에 대부분은 내가 쓴 책으로 인해 생긴 것들이다. 나는 책이 나온 뒤, 내 지인들에게 내가 책을 썼다고 홍보했다. 그리고 이 책은 이런 내용을 담고 있으니 혹시 강의가 필요하면 나를 불러달라고 부탁했다. 지인들에게는 책을 선물하는 경우도 있었다. 그런데 선물한 경우는 강의가 들어오지 않았다.

그래서 또 깨달았다. 공짜로 주면 가치가 없다는 것을 말이다.

반대로 책을 주지 않고 출판사에서 홍보하는 내용

을 그대로 공유만 했는데 강의가 들어오는 일들이 꽤 있었다. 내가 한 일은 책에 대한 정보가 담긴 공유가 전부였다. 그런데 그들이 보고 이게 자기에게 유익할 것 같으면 구입을 했고 강사로 많이 불러줬다.

그래서 나는 작가들에게 책을 지인들에게 나눠주지 말라고 알려준다. 물론 나를 이 자리에 있게 해 준 고마운 분들은 다르겠지만 책의 가치나 내용을 이해하지 못하는 사람은 귀한 책을 줘도 알지 못하고 오히려 라면 받침으로 사용되는지 어디에 팔아먹었는지 알 수 없다.

많은 시간이 지난 뒤 알았다. 책을 사주는 사람과 안 읽는 사람. 그리고 당연히 줄 것을 요구하는 사람들 사이에서 새롭게 생긴 시선이라고 해야 할까?

책을 내기 전에 한번 미리 생각해보자. 내 책이 나온다면 가장 기뻐해 줄 사람은 누구이고, 꼭 드려야 하는 사람은 누구인지. 내가 인사드리고 싶은 사람이라고 할지라도 나를 정말 아낀다면 내 책을 사주는 게, 혹은 읽어주는 게 서로에 대한 예의이고 우정은 아닌지 말이다.

15권의 개인 저서를 내면서 나의 손익계산서를 따져본다면 손해가 아닌 이익이 컸다. 책을 통해 우지연이라는 사람을 남겼고, 강의하러 다녔으니 그것만으로도 본전을 뽑았다고 할 수 있다.

그래서 나는 똑똑한 작가를 이렇게 정리하고자 한다.

똑똑한 작가란, 책을 냈다고 말한다.
똑똑한 작가란, 자신의 책을 가지고 이용할 줄 안다.
똑똑한 작가란, 책 한 권으로 안주하지 않고 계발을 계속한다.

나는 내 글을 읽는 작가들도 그랬으면 좋겠다.

5. 내가 생각할 때 좋은 작가란?

　출판사를 시작하면 좋은 게 내가 모르는 사람들을 만날 기회를 얻는다. 모르는 사람들이지만 출판사를 신뢰해 글을 투고해주는 것만으로도 감사하고 신기하다.

　그런데 고마운 건 고마운 거고 글을 읽을 때 특히 편한 글이 있다. 이 말은 단순히 문장력만을 말하는 게 아니다. 적어도 출판사에 보낼 때 두 가지가 준비되어 있기 때문이다.

　첫째, 자기 글에 대한 애정이 있는 작가다.

　작가가 자기 글에 대한 애정을 품고 있다는 것은 자기 글에 대한 확신으로 보인다. 출판사에 글을 보낼 때 작가의 심정은 아마도 내 글을 읽고 평가해 줄 만만치 않은 상대에게 보내는 것이라 나름 잘 준비하고 보낸 것임이 틀림없을 것이다. 글을 여러 번 퇴고하고 이 정도라면 출판까지 이어질 수 있으리라 확신에 가득 차서 보낸 것일 듯하다.

그런데 글이라는 게 참 진실한 것이 글의 내용만 아니라 글을 읽다보면 글을 쓴 사람의 인격과 마주하게 된다. 그래서 글만 읽어도 글쓴이를 만나는 것 같은 기분을 주기 때문에 글에 대한 작가의 감정을 읽을 수 있고 그것은 출판으로 이어진다.

둘째, 자기 글을 읽어주는 사람에 대한 공감이 있는 작가다.

공감 능력이라고 한다면 내 글에 대한 자화자찬에서 벗어날 수 있게 해주는 중요한 기준을 의미한다. 자기 글에 대한 사랑과 확신이 있다는 것은 작가의 기본적인 태도이지만, 내 글을 읽어주는 사람의 관점에서 내 글을 객관적으로 볼 수 없다면 작가가 쓴 글은 아무런 영향력을 줄 수 없다.

그래서 원고를 투고하고 괜찮은 글을 만나면 작가가

궁금하다. 흔히 출판사에서 글을 먼저 만나고 그후 작가와 미팅을 잡는 이유는 이런 이유 때문이다.

* 한사람출판사에서 작가와 나누는 소소한 잡담

   1. 당신은 어떤 사람인가요? 당신을 좀 소개해주시겠어요?

   2. 당신 주변에 있는 사람들이 궁금해요. 그 이야기를 조금만 해주세요.

   3. 많은 출판사 중에 우리 출판사의 문을 두드리신 이유가 있을까요?

   4. 당신만의 글쓰기 원칙, 신념이 있나요?

   5. 당신이 쓰고자 하는 글은 어떤 글인가요?

   6. 당신이 쓴 글을 누구에게 보여주고 싶으세요?

   7. 글을 쓰는 장소는 어디세요?

   8. 글쓰기의 괴로움을 느낄 때 당신은 어떤 식으로 해결하나요?

   9. 당신은 왜 작가가 되려고 하세요?

실제로 인터뷰를 진행하지는 않지만 이런 질문들을 뽑은 이유는 작가가 살아온 삶이 궁금하고, 글은 작가의 삶과 다르지 않다고 생각하기 때문이다. 나는 글 따로, 삶 따로가 될 수 없다고 믿는다. 그래서 서로 모르는 남녀가 미팅하듯이, 작가와 출판사가 서로를 소개하는 시간이 꼭 필요하다고 생각한다.

6. 출판사에 출간의뢰를 했는데 답장이 없는 경우

신기하게도 출판사에 출간을 의뢰하는 서신이 몰릴 때가 있다. 그래서 어떤 글들은 일일이 답장을 쓰지 못한다. 하지만 나도 작가 시절이 있었기 때문에 투고를 한 작가들에게 웬만하면 친절하고 예의 바르게 답장을 쓰려고 애쓴다. 하지만 어떨 때는 그런 의지가 있어도 보내지 못할 때가 있다.

그러면 출판사들은 어떨 때 답장을 쓰지 못할까? 정확하게는 너무 바쁠 때이다. 출판에도 성수기가 있다. 방학 때는 책이 좀 나가서 바쁘고 주말이 되면 유통상 서점의 주문도 비교적 낮아 한가하다. 하지만 이것과 상관없이 글을 보며 집중할 때는 언제나 이메일을 열어보지 않는다.

한편 작가는 출판사에 원고를 보내고 수신확인 상태를 확인할 것이다. 그러다 일주일, 또 일주일이 지나면 떨어졌다고 포기할 것이다. 하지만 원고를 컨택하는 일은 쉬운 일이 아니다. 메일을 읽는 사람들은 편집부장 그 이상이다. 그런데 괜찮다고 판단이 들 때 편집부장은 대표에게 원고에 대해 제안한다. 그러면 대표도 원고를 살필 시간이 필요하다. 그래서 투고하고 나서도 시간이 많이 걸린다. 이런 내부적인 이유 말고도 몇 가지 과정을 이해하고 있으면 출간의뢰서를 보낸 뒤 마음이 좀 편하다.

첫째, 원고를 투고한 다음에는 일주일, 혹은 한 달까지도 열지 않고 내버려 두는 출판사들이 많다. 이유는 앞서 말한 것처럼 바빠서 그렇다. 대개 투고 원고는 편집부로 보낸다. 편집부는 집중해서 무언가를 보다가 흐름을 놓치면 안 되기 때문에 중간에 다른 원고를 잘 보지 않는다. 다른 사람이랑 말도 하지 않고 집중해서 시간을 보내고 있다. 그래서 편집실을 방문하면 알겠지만, 편집 혹은 마감 기간에는 발소리마저 적막하다. 그러니 자기의 원고를 보지 않았다고 재촉하거나 확인 전화할 필요 없다. 때가 되면 본다.

둘째, 예의 없다고 생각한 나머지 내가 투고를 했는

데 왜 답장을 안 보내냐며 연락을 할 수 있다. 그런데 회신하지 못하는 이유가 있다.

1) 장르가 달라서 출판사와 맞지 않거나 메일을 받은 편집부장이 추천할 정도는 아니라고 생각하면 그렇다. 글은 좋은데 장르가 다르면 거의 출간할 수 없다. 출판사마다 성격이 있다. 다른 이유는 확신이 들 정도가 아닌 아리송한 정도라면 답장을 쓰지 못한다.

작가에게 메일을 보낸다는 것은 이미 출판사 대표(혹은 상사)와 이 책에 대해 논의를 끝낸 상태이다. 이 글에 대해 어느 정도의 믿음이 있어야 진행할 수 있다. 그런데 아쉽게도 진행과정에서 내부 사정으로 거절당할 수 있는데 메일에 이런 내용까지 구구절절하게 쓸 수 없다. 그러니 아예 출판사에 글을 보낼 때는 문어발식으로 보내지 말고 내 글이 출판사의 장르와 맞는지를 잘 살펴보고 진행하는 게 좋고, 메일이 오지 않으면 거절당했다고 생각하고 확인 전화 등의 노력을 하지 않는 게 서로에게 유익하다.

2) 글 자체에 대해 논할 수준이 되지 않으면 답장을 쓰지 못한다. 이 말에는 여러 의미가 포함되어 있다. 원고투고 후, 답장을 받는 경우는 그래도 가능성이 있어

서 답장을 준 것이다. 그러나 이것도 확정은 아니다. 그런데 답장까지 없다면? 그것은 내 글에 대해 출판사에서 말하기 좀 어렵다는 것이다. 어느 정도의 리모델링이 가능한지 아니면 재건축을 해야 하는지에 따라 답장을 보낸다. 글을 고칠 정도의 능력이 없다고 판단하면 함께 작업할 수 없다.

3) 출판사에 보낼 때 그냥 스팸메일을 보내듯 원고만 보내는 경우가 있다. 원고를 투고할 때는 약간 번거로울지라도 각 출판사에 이름을 적고, 왜 이 출판사에 원고를 보내려고 하는지 이유를 적으면 좋다. 생각해 보자. 하루에도 몇 개의 원고가 오는데 나의 출판사에 오랫동안 관심이 있는 분이 지원한다면 이왕이면 그분에게 더 호감이 가는 게 자연스러운 일이 아닐까? 그러니 그냥 성의 없이 출판사에 원고만 투고할 것이 아니라 자신에 대한 소개, 글에 대한 기획안을 작성해서 보내면 성의 있는 글인 줄 알고 더 자세히 들여다보게 된다.

* 출판사에 보내는 출판 기획안

1. 내가 생각하는 책 제목(가제)

2. 책의 장르와 분량

3. 기획의도(집필하게 된 동기)

4. 작가 소개

5. 책의 주요 내용

6. 목차

7. 대상 독자층

8. 다른 책과 차별점 및 경쟁도서 비교

9. 작가의 마케팅 방법

10. 왜 이 출판사와 작업하고자 하는지에 대한 작가의 의지

7. 프롤로그를 마지막에 쓰라고 하는 이유

　논문을 쓰든지, 책을 쓰든지 선생님들에게 듣는 공통된 가르침이 있다. 프롤로그는 글을 다 쓴 후에 쓰라는 것이다. 왜 프롤로그(prologue)를 마지막에 쓰라고 하는 걸까?

　프롤로그를 마지막에 쓰라고 하는 이유는 전반적인 내용이 다 정리된 다음에야 책을 어떻게 써나갔는지를 알 수 있어서다. 프롤로그에는 전반적으로 이 책에 들어간 내용과 중요 주제들을 소개하는 목적이 있다. 그래서 프롤로그는 글의 뼈대이고, 내가 왜 이 책을 쓰려고 했는지에 대한 동기를 포함한다.

　사람들은 책을 구입할 때 표지를 먼저 살핀다. 표지는 너무 중요하다. 글이 아무리 좋아도 표지 디자인이 좋지 못하면 독자들의 시선을 붙잡기 어렵다. 작가 입장에서는 매우 억울하다. 그래서 그림작가와의 소통도 매우 중요하다.

하지만 표지라는 커다란 산을 넘기면, 독자들은 이 책을 구매하기로 확정하기 전까지 프롤로그를 찾아 읽는다. 온라인 서점에도 책의 미리보기는 대개 책의 제목, 이미지, 판권정보, 목차, 프롤로그 순으로 되어 있다. 그만큼 프롤로그는 중요하다.

여기에 한 가지를 더 추가한다면, 책의 한계나 보완해야 할 부분을 프롤로그에서 미리 말해주면 작가가 이런 부분까지도 알고 글을 썼다는 확신을 주기 때문에 독자에게 신뢰를 준다.

그리고 최근의 책들은 고마운 사람들에 대한 찬사를 쓰지 않는다. 이것도 하나의 유행처럼 돌고 돈다. 때론 수고한 사람의 이름에 내 이름을 적어주는 작가들도 있는데 나는 이럴 때 수정하거나 삭제를 정중하게 요청한다. 책에 내 이름이 남는 건 판권정보면 족하다는 생각이 들어서다.

8. 이렇게 교정보는 작가가 좋더라

　출판사와 계약이 성립되면 편집이라는 과정을 통해 완성된 원고를 갖추게 된다. 그런데 출판사마다 각 공정(工程) 과정이 다르기 때문에 완성된 원고를 한글 파일로 작가에게 주고, 디자인 전에 마지막으로 수정을 하려고 하는 출판사가 있다. 간혹 출판사에서 작가의 글을 편집하고, 바로 디자인하고, 디자인된 원고를 주는 출판사도 있다. 이 두 가지의 차이를 이해하는가?

　먼저, 한글 파일로 주면 디자인 전이라서 작가가 다시 수정할 때 출판사의 부담이 적다. 그런데 후자의 경우라면 디자인 원고를 수정해야 하고, 한글 원고를 수정해야 해서 출판사에서 놓치는 경우가 생긴다. 그래서 미리 출판사와 어떤 과정으로 편집된 원고를 볼 수 있을지를 물어보면 좋다.

나도 여러 작가와 같이 작업을 했는데 내 생각에는
이렇게 꼼꼼하게 봐주는 작가가 고맙다.

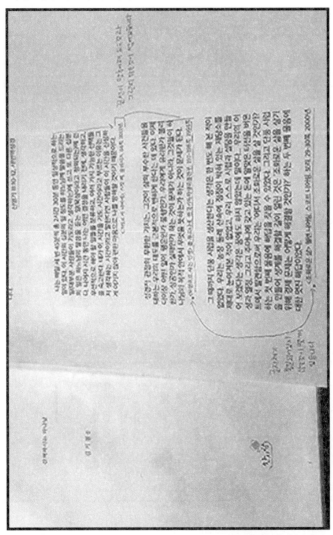

김기철 작가님 교정본

맞춤법이야 법에 따라 하면 되는 것이지만 윤문의 경우 편집자와 작가의 시선이 약간 다를 때가 있다. 작가는 이 표현을 살려야 좋겠다고 생각하지만, 편집자는 대중적으로 이 표현보다는 다른 표현이 더 낫다고 생각하는 경우가 있다. 이 경우에도 너무 심각하지 않으면 대개는 작가의 손을 들어주려고 한다.

또한 작가가 분명 수정해주었고, 편집자가 확인했음에도 디자인으로 넘어가다가 놓치는 경우가 있다. 그래서 내가 고치고자 하는 글이 잘 들어갔는지 마지막까지 확인하는 작업이 필요하다.

그런데 어떤 작가님들은 자기가 쓴 글이고 내 이름으로 나오는 책임에도 대충 훑어보는 경우가 있다. 글이 지겨워질 때라서 그렇다. 보고 또 보다 보면 당연히 그럴 수 있다. 하지만 나중에 오타가 발견되면 그때 마지막 확인을 제대로 하지 않은 작가에게도 일부 책임이 있다. 그러면 출판사가 알아서 하고 넘기면 된다고 생각하는 작가가 있지만, 작가에게 이 과정들을 확인하고 진행해줬으면 하는 작가들이 있다. 나는 책임을 전가하려는 목적이 아니라 작가만큼이나 작가의 글을 숱하게 읽다 보니 놓치는 경우가 있다고 말하는 것이다. 분명 틀린 글자인데 꼼꼼히 봤다고 해도 문자 안에 있다 보니 잃어버릴 때가 있다. 그래서 꼼꼼히 봐주는 작가들이 고맙다.

* 출판사에서 진행하는 교정 순서

> **원고 제출 → 원고 수정 1 → 원고 수정 2 → 디자인 작업 →**
> **디자인 후 편집 수정 1 → 편집 수정 2 → 인쇄**

가장 중요한 순간은 디자인된 파일로 된 글이다. 그런데 디자이너들은 글을 쓰는 분들이 아니기 때문에 무엇이 중요한지 잘 모른다. 상식적으로, 혹은 알아서 이 정도는 해줘야 한다고 생각하면 안 된다. 그래서 작가와 출판사가 이런 부분을 좀 잡아줘야 한다.

또한 한 권의 책이 나올 때 작가, 편집자, 출력실, 인쇄소, 배본사, 디자이너, 출판사 대표 등의 사람들이 참여한다. 이 말인즉 여러 사람과 한 권의 책이 나올 때까지 이견을 조율해야 한다는 뜻이다. 단순히 작가, 편집자만이 아니라 책을 디자인해 주는 사람, 그리고 이 책이 나오면 보관해 줄 담당자, 전국으로 유통해 줄 유통업자와 일정을 맞추고 설명해 나가는 작업을 출판사에서 해야 한다.

그래서 책을 만들 때 일정을 조율하는 것이고, 디자인된 파일이 넘어왔을 때 같이 손발을 맞춰서 일해줘야 하는 이유는 이 때문이다.

* 교정에 도움을 주는 프로그램

1) 한글과 컴퓨터 맞춤법 : 꼭 이대로 할 필요는 없지만 웬만한 부분은 여기서 체크할 수 있음

2) 부산대학교 인공지능 연구실과 나라인포테크에서 제공하는 온라인 맞춤법 검사기 : http://speller.cs.pusan.ac.kr/

3) 네이버 MY 포스트에 들어가면 많은 글을 올리고 맞춤법 검사를 통해 글을 완성하고 확인해 볼 수 있다. 주의할 점은 한꺼번에 수정하면 본래 글의 의미와 바뀌어도 확인이 불가능하다는 점. 그래서 하나씩 검사하고 수정하고 넘어가는 것을 추천한다.

9. 내 책이니 디자인도 내가 결정할 수 있다고 생각하면 망한다

디자인을 작가가 컨펌할 수 있다고 생각하는 작가가 있다. 이것은 내 글, 내 것으로 생각하기 때문인데 이것이 가능하려면 자가 출판했을 경우에서나 가능하다. 자가 출판은 출판을 위한 모든 비용을 작가가 제공하는 것으로, 출판사는 인쇄된 모든 책을 작가가 가져가기 때문에 문제가 될 게 없다. 이때에도 ISBN을 발행하냐, 아니냐에 따라 차이는 생긴다. 무슨 말이냐면 ISBN을 발급하는 일은 개인이 아닌 출판사에서만 할 수 있는 일이라 그렇다. ISBN은 일종의 책의 주민등록번호이다.

일반적으로 서점에 책을 판매하고 싶다면 ISBN이 반드시 붙어 있어야 한다. 그렇지 않고 독립서점에서 판매할 예정이거나 지인들에게 선물을 주거나 강의할 때 교재로 사용할 경우라면 크게 상관없다. 하지만 실제로 책이 나오면 더 많은 사람들에게 알리고 싶다는 생각이 든다.

앞서 질문으로 다시 돌아가 보자. 내 책이니 디자인도 내가 결정할 수 있다고 생각하면 왜 망한다는 걸까? 작가는 글에 관한 저작권자가 맞지만 책의 디자인이나 기획, 판매방식에 대해서는 출판사의 고유영역이다. 내 책이니 내가 결정할 수 있다고 생각한다면 오산이다. 심지어 자가 출판이라고 해도 유통을 하게 되면 출판사와 조율해야 하는 부분이 생긴다. 이런 생각이 초짜 작가에게 뚜렷하게 나타나는 증상(?)이기 때문에 이 책에서 다루고 넘어가야겠다고 생각했다. 왜 그런지를 OEM 판매방식을 예로 들어 설명하고자 한다.

OEM(original equipment manufacturing) 판매방식은 제조사와 판매사가 다르다. 예컨대 물건을 만든 제조사가 b라고 한다면, 판매사는 a가 된다. 물건을 만든 사람은 b이지만 계약을 통해 a사의 디자인, 판매방식, 유통망을 이용한다. 물건 뒤에 보면 제조사는 작게 한 줄 정도로 들어가고 사람들은 제조사의 이름을 모른 채, 판매사의 이름을 믿고 산다. 대표적으로 노브랜드가 이런 방식이다.

책이라는 것도 마찬가지다. 작가와 출판사가 계약하면서 이 책은 작가의 것이라는 것은 분명하지만 책을 판매하는 데 필요한 모든 과정은 출판사가 담당한다. 그러므로 이것은 출판사의 고유영역이라 할 수 있다. 왜 이런 이름을 붙였냐며 따질 수 없다. 의견을 주고받을 뿐이다. 대부분의 출판사는 이런 일에 너무 많은 시간과 에너지가 사용되기 때문에 대개 출판사에서 알아서 결정하고 통보하는 경우가 다반사다.

나도 작가 시절을 되돌아보면 한 번도 디자인에 대해 결정한 적이 없다. 그래서 나는 출판사를 운영하면서 조금이나마 작가를 존중하기 위해 디자인에 대한 의견을 먼저 물어보고 시작한다. 그런데 나의 존중과 다르게 이것을 작가에 대한 출판사의 존중으로 받아들이지 않고 '권리'로 여기는 분들이 있다. 특히 초짜 작가들의 경우가 그렇다. 몰라서 그런 경우가 많은데 출판사에서 일일이 설명할 수도 없고 이견을 좁히는 게 어려웠다.

또한 출판에서 제일 어려운 부분이 디자인과 관련된 부분이다. 디자인은 작가의 글을 가시적으로 구현

되는 일로 상상력과 전문성이 필요한 영역이다. 작가의 글에 어울리는 디자인이나 컨셉을 잡는 게 쉬운 일이 아니다. 생각해보자. 하나의 그림이 나오기 위해 디자이너는 얼마나 고심했겠는가!

그래서 신뢰와 존중이 이 영역에서도 필요하다. 지혜롭고 현명한 작가라고 한다면 자신의 글에 어울리는 디자인이나 컨셉을 충분히 설명해줘도 좋다. 그러나 이것도 하나의 의견일 뿐 그대로 할 수 없는 일도 있다. 왜냐하면 실제 출판을 위한 제작, 유통, 마케팅 등의 많은 영역을 출판사가 감당해야 하기 때문이다.

출판사가 판매한다는 것은 뚜렷한 독자층을 겨냥하고 현 추세를 반영한 디자인적인 요소를 가미한 작업이라 전문가집단의 견해가 중요하다. 그래서 나는 출판사에 디자인, 편집과 관련해서는 작가들이 출판사에 '권위'를 인정해주면 좋겠다.

출판사가 누구인가? 당신의 책을 만들어줄 사람들이고 당신의 책을 판매할 사람들이다. 당신의 책이 잘돼야 출판사도 흥한다. 그런데 망치려고 책을 만들겠는가? 아니다. 누구보다 당신이 잘되기를 바라는 사람들이다. 이런 이해가 있다면 출판사가 작가의 반대편에 있지 않고 누구보다 당신의 편이라는 것을 이해할 수 있을 것이다.

글에 대한 인정과 존중을 가지고 글을 편집하듯, 그림에 대한 인정과 존중이 디자이너에게 있어야 한다. 그래야 한 마음으로 책을 만들 수 있다. 어떤 출판사는 작가가 너무 디자인에 대해 반대해서 그림비를 받고 다시 제작한 경우가 있다고 했다. 또 다른 경우는 작가가 그림을 그려와서 제공하기도 했다고 한다.

그런데 아쉽게도 책이 팔리지 않았다. 그러면 출판사는 누구를 원망할까? 당연히 작가탓을 한다. 작가의 맘에 드는 책이 되었는지는 모르겠으나 책은 팔리기 위해 만든다. 책이 나가지 않아 한숨 쉬는 대표의 무거운 마음을 덜어주는 작가는 많지 않다. 그래서 전문가 집단에서 동의하지 못한 그림은 작가 개인의 취향으로 만들어진 책에 대한 책임을 작가에게 물을 수밖에 없다.

출판사를 하고 일주일에 한 번씩은 서점을 방문한다. 표지는 주로 어떤 색을 사용하는지, 어떤 키워드가 사람들의 이목을 끄는지를 살핀다. 이 책은 왜 베스트셀러인지를 생각한다. 이렇게 매주 서점을 찾으며 감각을 키운 사람과 여러 권의 책을 시장에 내놓은 출판사의 안목을 무시하면 안 된다. 다시 말하지만, 표지는 작가의 책을 망치려는 게 아니라 돋보이게 하기 위한 좋은 의도로 만든다.

또한 마음에 맞는 작가를 만나기가 쉽지 않듯 디자이너를 만나는 일도 마찬가지다. 디자이너는 한 번 작업하면 여러 권을 계속 같이 작업하게 된다. 작가보다 훨씬 오랫동안 일할 사이다. 서로의 결이 맞는 디자이너를 만나기란 어렵다. 그러므로 갈등이 어려워지기 이전에 서로의 자리를 다시 확인하는 소통이 필요하다.

10. 어떤 사람이 작가가 되면 좋을까?

　나는 이런 사람이 작가가 되면 좋겠다. 자신의 인생 이야기를 누군가에게 들려주었더니 궁금해하면서 더 듣고 싶어 하거나 자기가 쓸 이야기를 해줬더니 사람들이 좋아한다고 한다면 이런 분들은 글쓰기를 시작해도 좋다.

　글쓰기란 다른 것이 아니라 나의 인생에 대한 이야기이다. 내가 생각하는 태도와 방향, 관점이 담겨 있다. 모든 글이 내가 경험한 것이 아니라고 할지라도 내가 생각한 것에서 뽑혀 나오기 때문에 글들이 '나의' 삶과 어긋난다고 할 수 없다. 또한 내가 경험하지 않았다고 하더라도 나의 감정과 표현에서 비롯된 것이기 때문에 글의 모든 관점, 표현, 생각들은 내 삶의 이야기다.

그래서 글과 나의 삶은 어긋날 수 없다.

누구나 작가가 될 수 있는 이유는 다른 사람과 저마다 다른 결의 이야기를 하고 있어서다. 그런데 누구나 작가가 될 수 있지만 아무나 작가가 될 수 없는 이유가 있다. 글 쓰는 수고로움을 버틸 수 있는 능력과 나의 경험을, 생각을 어떻게 상대에게 들리게 할 수 있을지에 대한 전달력이 있는지에 따라 다르다. 같은 이야기라고 해도 어떤 사람은 잘 들리게 얘기하는 사람이 있고 어떤 사람은 지루하게 하는 사람이 있다.

말은 잘하는데 글은 못 쓰는 사람들이 많다. 그런 사람에게 나는 녹음을 하고 그것을 글로 옮겨 적으라고 한다. 자신의 이야기를 하지 못하는 사람은 없다. 이야기는 이야기 자체로 재미와 교훈이 있다. 그 이야기를 살리는 방법은 꼭 글이 아니어도 된다. 익숙한 글쓰기 형태가 아니라고 한다면 말로 녹음하고 그 말을 글로 옮겨보자.

11. 솔직히 몇 권 팔릴 것 같으세요?

_ 타겟이 분명해야 합니다

책을 쓴다는 건 쉬운 일이 아니다. 너무 어렵게 책을 쓴 사람일수록 두 가지 반응이 나타난다. 자기가 쓴 책을 쳐다보거나 아니면 싫어하거나. 그런데 또 다른 생각을 해 보자. 일반적으로 작가들은 자신의 책이 다 베스트셀러가 되기를 희망한다. 그런 객기라도 있어야 한다고 생각한다.

책을 쓰면서 생각해보자. 내 책은 누가 살 것 같은지 말이다. 가족, 친구, 동료, 지인 찬스를 다 써도 과연 몇 권 팔릴 것 같은가? 작가와 출판사의 차이는 어디에서 나오는지를 묻는다면 나는 여기서 차이가 생긴다고 생각한다. 작가는 잘될 것을 생각하고, 출판사는 안 될 그 이후까지 생각하는 사람이다.

그래서 작가라면 이 부분을 염두에 두면서 글을 써야 할 것이라 생각한다. 적어도 타겟층이 분명해야 글을 쓸 때 좀 더 명확하게 접근할 수 있다. 예를 들어, 부모를 대상으로 삼으면 직장 이야기라고 하더라도 좀 더 다른 관점과 에피소드가 필요할 것이다.

글을 읽을 대상이 흐리멍덩하면 논지도 흐릿하다. 내 책이 적게 팔릴 줄 알고 기죽은 태도를 갖추라는 말이 아니라 그만큼 타겟을 좁고 분명히 삼아야 한다.

12. 책은 출판사가 아니라 작가가 파는 겁니다

　최근 선배 출판사 대표를 만나 어떻게 운영하는지를 들었다. 이미 어느 정도 이름이 나온 작가들은 출판사와 계약이 끝난 상태라서 신진 작가들을 발굴하는 일이 너무 중요하다고 했다. 그런데 그렇다고 아무나 컨택할까? 아니다. 어느 정도 매출이 가능한 작가들을 컨택한다고 했다. 그래야 기본적으로 판매가 되기 때문이다.

　너무 무명의 작가들은 자기 자신에게도 소심한데 책까지 내니 책이 나왔다는 말도 못 한다. 아는 지인에게라도 소개해야 하는데 자신이 말을 꺼내지 못하니 판매로 이어지지 않는다. 내가 이런 꼴이었다. 작가들에게 부담스러울까 봐 말하지 못하고 열심히 홍보해 달라는 부탁만 남긴 채 나는 너무도 무거운 짐을 짊어지고 있었다.

출판사를 운영하면서 드는 부담감은 책이 보관소에 맡겨져 있을 때, 책이 나갈 자리를 잡지 못했을 때, 그리고 심지어 나간 책들도 반품되어 들어올 때 정말 가슴이 아프다. 이런 과정을 알지 못하면 출판사가 아무것도 하지 않는다고 원망할 수 있다. 대개 출판사는 그렇지 않다. 책이 잘 나가야 출판사도 좋다.

처음 시작부터 몇 부 정도는 작가가 팔아주기로 계약하고 시작하는 출판사도 있고, 후인세로 처리하는 출판사도 있다. 진열대에 올리기도 어렵지만 올린 다음에도 작가가 방문해서 열심히 홍보하는 책과 그렇지 않은 책은 천차만별이다. 어떻게 하면 책이 팔릴지 같이 고민하고 애쓰는 작가들의 태도에 때로는 감동을 받기도 한다.

책은 작가들이 파는 것임을 출판사를 운영하면서 배운다. 판다는 것이 그 사람의 영향력이든, 인맥이든, 삶이든, 재력이든지 간에. 그의 글이 말을 걸거나 사람들에게 알려지기까지 글을 쓰고, 책이 나오면 홍보하고, 소개하는 일에 누구보다 많이 애써야 한다는 걸 작가들이 알았으면 좋겠다.

어찌 보면 내가 출판사를 열었을 때 주변 사람들이 나를 장사꾼으로 여기거나 사장님이라고 불렀을 때의 기분이라 할 수 있다. 나는 가치를 판다고 생각했지만, 사람들은 내가 책을 파는 사람임을 알려주듯이 "대표님"이라 불러댔다. 몇 달이 지나지 않아 나는 책을 파는 사람임을 인정하지 않을 수 없었다. 나는 책을 파는 사람이다. 글을 쓴다는 건 내 생각을 파는 일이기 때문이다.

13. 출판사를 고를 수 있나요?

흔히 회사에 들어가기 전, 면접을 본다. 그러면서 우리는 생각한다. 면접관이 나를 면접하기 때문에 나를 뽑아줄 수밖에 없을 정도로 잘해야겠다. 하지만 달리 생각하면 나도 회사를 면접하고 있다. 이미 회사에 대해 알아보고 서류를 제출했을 때 우리는 회사에 들어갈 꿈을 꾸기도 하지만 그 회사가 나의 기여와 성장에 도움을 줄 수 있는 회사인지를 살핀다. 그래서 면접을 보면서도 면접관을 통해 회사를 상상한다.

출판사도 마찬가지다. 작가가 글을 보낼 때 문어발식으로 보내는 분들도 있겠지만 출판사를 알아보고 글을 보내는 분들이 있다. 작가도 출판사를 면접하듯 하고, 출판사도 작가를 그렇게 생각한다. 글을 읽고는 약간 확신이 안 서거나 아리송할 때 작가를 출판사로 불러 만난다. 그러면 글에서 읽을 수 없었던 작가의 매력이 느껴져 출판으로 연결 짓게 되는 경우가 생긴다.

출판사도 좋은 작가, 자기에게 맞는 작가를 만나야겠지만 작가 역시 마찬가지다. 출판 현장에 있다 보니 어떤 출판사가 괜찮은지는 문제가 되지 않지만, 같이 거래하면 안 될 출판사가 있다는 건 명확하다.

예컨대, 작가가 느낄 때 다급하게 책을 계약하자고 할 때, 책을 읽었는지 잘 알 수 없는 상태에서 칭찬만 있을 때, 구체적인 정보를 주지 않고 계약서부터 들이밀 때, 얼굴 한 번 보지 않았는데 계약서부터 쓰자고 할 때, 최근에 어떤 책이 나왔는지 알 수 없을 때, 대표에 대한 정보를 아무리 찾아도 알 수 없을 때, 일하는 사람들의 이름이나 정보가 숨어 있을 때 등이다.

어떤 작가는 급한 마음에 출판사와 거래를 했는데 한 번도 출판사 사람을 만난 적이 없다고 한다. 나는 가끔 자신의 조바심 때문에 일을 그르치는 사람을 만난다. 조심해야 한다. 사람도 조심해야 하고 책도 조심해야 한다.

그러면 어떤 출판사가 괜찮은 출판사일까? 작가 입

장에서는 작가에게 주는 혜택이 무엇이냐에 따라 다르지만 나는 세 가지를 살피며 자신과 맞는지를 살펴보라고 하고 싶다.

* 나랑 맞는 출판사 고르는 방법

첫째, 내가 냈으면 하는 출판사에서 나온 글들을 살핀다.

둘째, 내 책을 내줬으면 하는 출판사의 대표, 저자들의 이력을 살핀다.

셋째, 우선적으로 지망하는 출판사를 정해서 1~3위 정도의 출판사에 원고를 투고한다.

작은 출판사라고 모든 게 작은 건 아니다. 큰 출판사라고 다 책을 잘 내주는 것도 아니다. 사람에 관한 관심, 디자인, 편집, 존중, 신뢰, 소통이 가능한 출판사가 내 생각에는 좋은 출판사이다.

C.

출판사
시작해볼까?

1. 책은 계획이 아닌 기획으로부터 시작됩니다

계획과 기획은 다르다. 계획은 일정을 나열하고 그것에 대한 평가를 자신이 내린다. 그래서 계획은 수정을 계속하고 일정에 차질이 생겨도 개인에게만 영향을 준다. 하지만 기획은 다르다. 기획은 뚜렷한 목표를 만들고 둘 이상의 집단에서 책임지고 평가한다. 물론 일정에 변경할 일이 생겨도 그것에 대한 책임도 개인이 아닌 집단에서 감당하게 된다.

그러면 책은 계획일까, 기획일까? 작가는 글을 쓰면서 계획한다. 언제까지 책을 다 쓸 것인지 계획을 세워야 하고, 책을 쓴 다음에는 출간의뢰서를 보낼 준비도 해야 한다. 또한 계획에는 책에 대한 전반적인 일정만 세우는 게 아니라 책을 이루는 구성을 포함한다.

제일 쉬운 계획은 일정을 날짜별로 정하는 게 아니라 내용에 따라 일정을 수정하는 일이다. 예컨대, 날짜 중심의 계획은 월요일에는 무조건 몇 장을 쓰고 주말까지 1파트를 완성하는 것을 목표로 하는 식의 방식이다. 흔히 시험공부 할 때 사용했던 방식이다.

그런데 내가 말하는 방식은 그날 해야 할 일을 날짜로 채우지 말고, 글을 써야 할 내용을 중심으로 목표를 삼는 것이다. 예를 들면 1파트에 소제목이 1, 2, 3이 있다고 한다면 1, 2, 3의 소제목을 채우며 글을 써야 한다.

그런데 이렇게 글을 쓰려고 하면 당연히 목차가 필요할 것이다. 목차는 글쓰기에서 제일 중요한 작업이다. 목차는 감자탕의 돼지 뼈와 같은 것이고, 케이크의 생크림이다. 붕어빵에 앙금이라고 하면 이해가 더 쉬울까? 우리도 책을 구매하기 전, 표지와 책날개, 글을 쓴 사람을 살피고 그다음으로 목차를 살핀다. 인터넷 서점에서도 미리보기로 제공하는 부분에서 목차는 빠지지 않는다.

또한 목차를 보면 이 책이 어떤 식으로 전개될지가 보인다. 목차를 보고 필요한 정보를 얻기도 하고 내가 보고 싶은 책임을 알 수 있다. MD(merchandiser)들에게 물어보니 많은 사람이 책을 고를 때 유명한 작가가 아닌 이상 표지의 디자인과 제목을 보고 책을 고른다고 했다.

그러면 표지의 디자인과 제목은 무엇인가? 이것이 기획이다. 물론 계획과 기획을 면밀하게 구분할 수는 없다. 하지만 기획은 작가만 할 수 있는 게 아니라 둘 이상의 전문가들 사이에서 책에 대한 의견을 나누는 행위라 할 수 있다.

간혹 작가들은 자신들 주변에 있는 지인들의 의견을 구하고 첨부하는 경우가 있는데 주변 사람들의 의견을 전적으로 신뢰할 수 없다. 개인적으로 한 달에 책을 얼마나 읽는지, 좋아하는지, 가까이하는지에 따라 의견이 달라지기 때문이다.

전문 독서 모임에 있는 분들은 책의 종이, 글씨체, 제목의 크기 등까지도 살핀다. 그들의 의견은 귀 기울일 필요가 있다. 책을 많이 읽고 좋아하고 가까이하는 사람들은 책을 보는 감각이 남다르기 때문이다.

그리고 기획은 작가가 아닌 작가를 포함한 더 넓은

집단인 출판사에서 하는 게 맞다. 기획에서 제일 중요한 부분은 컨셉(concept)이다. 컨셉은 MD를 만나서 1분 안에 내 책의 특징과 다른 책과의 차별점을 설명할 수 있는 '주된 생각'이 있어야 가능하다.

사람들이 책을 사는 방법은 책에 대한 소문을 듣거나, 그 책이 나에게 정보를 줄 수 있을 것이라 기대할 때 마땅히 재정을 투입한다. 어쨌든 책을 사는 독자들은 책과 자신을 연결하고자 한다. 그리고 이것을 가능하게 하는 것이 컨셉이다.

또한 독자는 책을 사는 게 아니라 책 너머(though) 자신의 꿈을, 욕구를 갈망하며 산다. 책을 살 마음이 없던 사람이라도 시간이 남아 서점에 방문하면 읽고 싶은 책을 만난다. 책은 사람들의 욕망을 반영한다. 베스트셀러는 많이 팔린 책이지만 그 책들을 살피면 사람들의 마음이 움직이는 길을 알 수 있다.

나는 출판사를 시작하면서 일주일에 한 번씩 서점을 쇼핑한다. 신기하게도 일주일밖에 되지 않았는데 매대에 디스플레이 되었던 책들이 책장으로 꽂히는 경우가 있다. 또 어떤 책들은 매대에 여전히 있는 책들이 있지만 어떤 책들은 책장으로 간다.

책이 출간되면 자연스럽게 다른 책의 표지와 거기에 쓰인 글귀를 읽게 된다. 책을 읽지 않아도 왜 이런 문구를 사용했는지를 생각하게 되고, 책에 대한 홍보에도 관심이 쏠린다. 그만큼 표지에 나온 문구는 책에 대한 궁금증을 키운다.

2. 기획력은 어떻게 키우나요?

_ 슈퍼가 아닌 서점에서 키웁니다

책을 쓰는데 기획까지 해야 한다는 말이 부담스러울 수 있다. 하지만 맛으로 승부하는 음식점이라고 해도 포장 용기가 깨끗하고 좋지 않으면 불편하다. 마찬가지다. 글 자체가 좋지만, 기획이 잘못되면 책이 빛을 발하지 못한다.

기획은 작가도, 그리고 출판사를 준비하는 모든 사람에게 필요한 능력이다. 편의점에 가서 어떤 물건들이 앞쪽에 배치되어 있는지 모른다면 작은 것부터 연습하자. 왜 어떤 물건들은 편의점 계산대 근처에 있고 어떤 물건들은 계산대와 멀리 있을까? 어떤 책들은 커다란 홍보물에 많은 자리를 차지하고 있고 내 책은 1, 2권도 겨우 있는 걸까?

서점에 방문해서 사람들이 자주 보는 베스트셀러, 스테디셀러(steady seller)는 어떤 특징이 있는지 살펴보자. 크기도 보고, 종이 질도 살펴보자. 색감과 글씨 크기도 생각하며 다시 보자. 이렇게 책에 대한 감각을 키워보면 배우는 게 있다.

그리고 내가 책을 다 쓴 다음에는 내가 쓰고자 하는 주제와 비슷한 내용을 다루고 있는 최신 책을 찾아보자. 내가 쓰고 싶은 말을 이미 다른 작가들이 쓴 것은 아닌지, 비슷하지만 다르게 내 이야기를 끌고 가기 위해서는 어떤 차별점이 필요한지를 떠올리게 된다. 이미 나온 이야기를 나만 모르고 글을 써 가면 그 사람은 우스운 사람이 된다. 시장조사를 하지 않은 게으른 글은 나오기도 전에 사장된다.

또한 내가 책을 많이 읽거나 사지 않은 작가라고 한다면 독자의 수준을 갸름하지 못할 수 있다. 어떤 사람이 내 책을 살 것 같은가? 내 생각에 독자는 책을 샀던 사람이고 살 사람이다. 다른 말이 아니라, 책을 산 사람이 또 책을 살 가능성이 크다. 내 책도 마찬가지다. 내가 쓴 책은 이런 책을 많이 읽어본 사람이 구입할 확률이 높다. 그러니 잘 만들어야 하고 잘 써야 한다.

그리고 목차를 보면 어떤 내용인지 알 수 있듯이 나의 목차는 어떤지 살펴보자. 탄탄한 목차가 기대감을 불러온다. 가장 쉬운 방법은 삼단 구성법이다. 대제목을 3개를 붙이고 그것을 확장해 나가는 방식이다.

먼저 1, 2챕터에서는 내가 왜 이 책을 써야겠다고 마음을 먹게 되었는지를 설득하거나 설명한다. 그리고 이 책을 누가 읽었으면 좋겠고 어떤 사람에게 도움을 줄 수 있을지를 밝히자. 나는 이것을 왜(why)라고 적는다.

그다음에는 내가 생각하는 중심 생각, 메시지가 들어가야 한다. 전문 서적이 아니라고 해도 마찬가지다. 이것은 주요 내용(what)에 해당하는 것으로, 내 책의 핵심이라 할 수 있다. 이것을 3,4챕터에 쓴다.

마지막에는 구체적인 방법으로 다른 사람이 나에게 도움을 받으려면 내가 해 줄 수 있는 이야기들이어야 한다. 이것은 5,6챕터에 쓰고 방법(how)을 담고 있어야 한다. 이렇게만 해도 챕터가 6개이고, 여기서 내가 중요하다고 생각하는 부분을 확장하고 보완하면 10개, 12개로 할 수 있다. 요즘은 내용이 짧아도 챕터가 많다.

* 글의 뼈대로 삼을 수 있는 삼단 구성법

why – 내가 이 책을 써야겠다고 마음먹게 된 이유, 지금 세상은?

걸쇠 **hook** – 흥미유발 / 첫 파트에서 이 책에 대한 호감을 일으킨다.

책 **book** – 본격적으로 내가 말하려고 하는 것을 설득하는 것이다.

what – 내가 생각하는 개념, 원리

눈 **look** – 이야기/개념/사례 등을 들어 뒷받침한다.

요리 **cook** – 이 책의 독자가 자신의 관점으로 실천할 수 있게 한다.

how – 구체적인 방법, 다른 사람에게 도움을 줄 수 있는 원리들

손 **took** - 교훈, 깨달음, 흥미, 이해를 얻게 한다.

3. 몇 부를 찍어야 하나요?

몇 년 전만 해도 최소한 2천 부를 찍는 게 일상이었다. 그러나 지금은 1천 부를 찍거나 적게는 700부 정도를 찍는 출판사가 늘어나고 있다. 그만큼 책을 읽는 이도, 찾는 이가 적다는 것이다.

얼마 전 교보문고의 적자를 보도한 신문을 보았다. 코로나 시국에도 서점에는 늘 사람이 많았다. 그런데 왜 적자지? 사실 출판사를 하는 입장에서 대형서점은 부럽기도 하고 야속하게 느낄 때가 빈번히 있다. 가만히 있어도 책을 판매하기 위해 출판사의 프러포즈를 받는 그들이 부럽고, 너무 많은 퍼센트로 책들을 가져가는 서점들의 행태에 속이 쓰렸다. 출판사에서는 1권을 택배 보내기도 부담스러운데, 대형서점은 10% 할인과 적립에 무료배송을 하고 있으니 독자 입장에서 대형서점의 서비스는 독자의 수준을 높여 놓았다.

그런데 출판사를 시작하면 다른 관점을 갖게 된다. 도대체 누가 돈을 벌까 궁금해진다. 유명한 작가는 세상에 10%도 안 되니 대부분의 작가는 인세를 받아 생활을 운영할 수 없다. 출판사도 그렇다. 우후죽순 많이 생겨나는 게 출판사이고 그만큼 진입 장벽이 얕다는 증거이다. 하지만 출판사가 1~2종만 내고 문을 닫는 경우도 허다하니 그만큼 쉽고 어려운 직종인 건 분명하다.

처음 출판에 대한 시장의 구조를 듣고 너무 놀랐다. 그때 처음 알았다. 왜 동네 서점이 아닌 독립서점은 지하에 있고, 2층에 있는지. 그리고 왜 그들이 조금은 뻑뻑하게 사진만 찍고 나가지 말아 달라고 하는지 말이다.

서점도 그렇지만 출판사도 마진율이 너무 낮다. 서점과 비교하면 안 될지 모르지만 책을 공급하는 자로서 대형서점은 인쇄비가 들거나 디자인비가 드는 게 아닌 데 반해 너무 많은 퍼센트를 가져간다. 출판사는 인쇄비를 주고, 디자인비를 주고, 보관비를 주고, 유통비를 주고, 인세를 주고… 거기에 회의비, 사무실 운영비 등을 제외하면(출판은 면세다)… 딱 봐도 적자다. 물론 많이 팔리면 다르다. 그런데 많이 팔린다는 기준은 어떻게 잡아야 할까?

나는 1인 출판사이다. 대표를 포함한 3인 이하를 1인 출판사로 잡고 있는 지금의 실정에서 부부가 같이 운영하고 있으니 1인 출판사라 해도 무관하다. 그런데 나는 국문학 근처에도 안 가고, 디자인 학교 근처에서 밥도 먹지 않았던 사람이었다. 할 줄 아는 게 한글 프로그램, 파워포인트 두 개밖에 없었다. 그건 남편도 마찬가지다.

물론 출판을 시작하고 인디자인을 배웠다. 얼마나 고생했는지 모른다. 그렇다고 해도 필요한 건 대형 출판사 못지않게 다 필요하다. 이걸 어떻게 이해시키면 좋을까? 독립해 살게 되면 방이 한 칸이든, 두 칸이든 필요한 집기들이 있다. 냉장고, 세탁기, 전자렌지가 필요하다고 해 보자. 방이 한 칸이어도 필요하고 방이 세 칸이어도 있어야 할 물건들이다.

똑같다. 출판사에서 필요한 것들도 마찬가지다. 과정이 비슷하고 그 일에 몇 명이 달라붙어서 도모할 수 있는지, 운영할 수 있는 자금력이 있는지에 따라 차이가 생긴다.

다시 처음 이야기로 돌아가면, 나는 최소 1,000부를 찍는다. 천부! 어마어마한 숫자다. 사실 출판사를 하기 전까지는 천부를 우습게 봤었다. 이 글을 쓰면서도 '사실'이라는 말을 거듭 쓰는 이유는 충격을 받아서다. 1,000부를 우습게 보던 나는 1,000부를 다 팔아 본 적이 없으면서도 나도 그 정도는 할 수 있을 것으로 생각했었다. 그런데 1,000부는커녕 책이 얼마나 어렵게, 힘들게 팔리는지 알았다. 1권을 팔기도 쉽지 않다.

나는 우리 책이 있는 서점에 가서 책이 잘 있는지를 보고 그 책을 구입할 때가 있다. 내가 만든 책인데 또 책을 산다는 말이 이상하게 들리겠지만 독자의 심정으로, 그리고 기념으로 사서 온다. 비록 한 권이지만 이 책의 회전율이 높아지기를 바라면서 말이다.

또한 책이 있는 코너에 사람들이 어떤 책을 눈으로 보고 있는지를 살피고, 왜 우리 책은 보지 않는지를 생각한다. 예전에 출판사를 하기 전에는 서점에 가는 일이 마음이 좋아서였다. 하지만 출판사를 하면서는 서점에 내 책이 있어도, 없어도 마음이 좋지 않다.

4. 출판사는 돈을 벌 수 없습니다

　이런 글을 써도 될지 모르겠으나 그래도 이런 사정을 미리 알게 된다면 좋겠다는 생각에서 솔직히 써 본다. 출판사를 준비할 때 한 선배 출판사 사장님에게 어떻게 사냐고 물었다. 그러자 그는 그래도 이 일이 좋으니 하는 거라며 웃었다. 나도 그 웃음을 지금 보이고 있다.

　내가 좋아서 하는 일, 잘하고 싶은 일이 출판 일이다. 출판일을 하며 좋은 점은 새로운 사람을 만나는 일, 그리고 그와 함께 그의 글에 대해, 생각에 대해 같이 동참할 수 있게 된다는 것이라 할 수 있다.

　또한 작가는 출판 세계의 실정을 거품 없이 보게 되므로 어떤 것을 요구하고 바래야 할지를 현실적으로 생각해 볼 수 있다. 독자라고 한다면, 책 한 권이 나오기까지 얼마나 많은 수고를 하는지를 이해하고 약간의 여유롭고 너그러운 마음으로 봐주는 게 있지 않을까 생각한다.

가끔은 멀쩡한 책들이 반품되어 올 때 속이 상한다. 하지만 금세 내 책을 반품한 이들을 용서한다. 나도 그런 적이 있었다. 새 책인데 새 책 같지 않다고 작은 흠집도 용납하지 못하는 날카로움이 있었다. 나와 같은 독자를 만났다고 생각하며 넘어간다.

한 권의 책을 출판한다고 할 때 가장 크게 나가는 비용이 디자인 비용과 편집비다. 디자이너에게 디자인을 의뢰할 때 표지와 내지, 그리고 포스터를 요청할 수 있다. 물론 돈을 주는 만큼 다 만들어준다. 그런데 예술의 영역이라 사실 어느 정도 선이 있기는 해도 참 어려운 부분이 디자인이다. 디자이너는 그림만 그린다.

문구와 제목 등은 출판사에서 정해서 줘야 한다. 이것을 편집부에서 하는 일도 있고 기획부에서 하기도 한다. 그런데 편집부와 기획부가 없다면? 출판사 대표가 혼자 해야 한다. 무언가를 맡기면 다 돈이다. 그런데 내가 혼자 한다고 생각하면 어렵다. 안 해 본 일이고,

어렵게 결정한 것들도 시장의 구미에 맞을지 알 수 없다.

그런데 두려움이 가장 큰 적이다. 자신감도 없는데 두렵기만 하다면. 작가는 출판사를 믿고 있는데, 출판사는 자신이 없다면? 그래서 작은 출판사는 작가가 너무 중요하다. 작가와 출판사는 동반성장을 꿈꿔야 한다. 작가가 잘되는 일이 출판사가 잘 되는 일이다. 출판사가 잘 되는 일 역시 작가에게 좋은 일이다. 그러니 작가에게 나는 자주 물어본다. 솔직히 도움을 청할 때가 종종 있다.

돈 얘기가 나와서 말인데 여기에 작가의 인세를 빼고 계산한다고 해도 나갈 비용은 또 있다. 책에 대한 보관료, 그리고 발송비. 이것이 책에 대해 기본적으로 예상되는 지출방식이다. 사무실이 있다면 전기세, 세금, 수도세, 인터넷 사용료 또는 통신비… 그래서 출판사는 재벌 자제들이 하는 고귀한 일인가 보다. 아무것도 모르는 내가 하기에는 이것만으로도 큰 장벽이 되었다.

그리고 작가였던 내가 출판사를 하게 되니 마음이 요상해졌다. 출판사에서 작가의 책을 내주는데 어마어마한 돈을 쓰는 걸 알기에 나는 가끔 작가를 만날 때 왜 내가 밥을 사야 하는지 속으로 생각할 때가 있다. 그렇다고 밥과 음료수 등을 사지 않겠다는 게 아니라 그냥 혼자서 이상하다는 생각을 한 적이 있다. 작가를 위한 책을 만드는 출판사가 너무 고생하고 있다는 생각이 들어서다.

작은 출판사는 돈을 버는 구조가 쉽게 나오지 않는다. 우선 작가가 유명하지 않기 때문에 얼마나 매출을 불러올지 예상할 수 없다. 왜 큰 출판사에서 유명한 사람들을 작가로 섭외하는지 이해가 되었다. 예상 수익 구조가 나오기 때문이다. 그들의 팬, 인지도, 사회적 영향력을 따지면 인세를 미리 줘도 부족하지 않다. 이들은 천 단위가 아니라 만 단위로 인쇄를 한다. 그렇게 인쇄하고 인세를 줄 수 있는 이유는 많이 팔 것이라는 자신감 때문이다. 이미 여러 권의 책을 냈던 작가들은 어느 정도의 책에 대한 판매 예상 부수가 나온다.

그런데 작은 출판사는 1,000권 팔기도 어렵다. 1,000권을 기준으로 2쇄(같은 책 두 번째 인쇄)에 들어가면 이제부터 약간의 수익을 남긴다. 이해를 위해 단순한 셈법으로 설명하고자 한다.

정가가 10,000원이라고 해 보자. 그런데 오프라인 서점이나 온라인서점에서 책이 팔리면 수수료가 35~50% 나간다. 다시 설명하자면, 만 원짜리 책을 정가로 붙여도 출판사에 들어오는 비용은 6,500원~5,000원이다. 자, 그러면 출판사는 5천 원을 버니깐 많이 번다고 생각할 수 있다. 그러면 좋겠다.

그런데 여기서 무엇을 빼야 할까? 제일 많이 나가는 비용은 인쇄비다. 종이 질, 크기, 칼라에 따라 비용이 달라지지만 통상 4천 원이라고 해 보자. 그러면 최대 2,000원에서 최소 1,000원 남는다. 그러면 또 무엇을 지출해야 할까? 디자인 비용, 편집비용, 책 보관 비용, 발송비용이 든다. 여기에 사무실 유지비 등이 필요하고, 반품되어 돌아오는 것까지 하면 마이너스, 또 마이너스다.

* 공급율 예시

서점 4,000원 – 인터넷 서점 혹은 지역 서점

출판사 6,000원 – 인쇄비/ 편집비/ 디자인비/ 물류비/ 운영비

그러면 어떻게 해결해야 하냐고? 큰 출판사는 어떻게 버틸까? 많이 팔아서 버틴다. 천 권 단위가 아니라 몇만 권 단위로 팔면 남는다. 작은 출판사는 어떠냐고?

내가 운영을 해 보니 천 권을 팔면 인쇄비, 디자인비, 편집비, 보관료 중의 일부를 감당하게 되므로 이윤이 남는다고 할 수 없다. 그런데 여기서 2쇄를 하면 이때부터 조금 숨을 쉴 수 있다.

30년 출판인쇄업을 하시던 사장님께서 이런 말씀을 하셨다. "내가 예전에는 책 만드는 분들, 굉장히 멋있어 보이고 그래서 대단해 보인다고 생각했거든. 물론 지금도 그렇게 생각하는데. 이거 돈이 안 되니 참 안됐다는 마음이 더 커. 불쌍해."

여기 불쌍하게 보이는 한 사람 추가다. 그런데도 출판사를 하겠다고 한다면 왜 하는걸까? 이 질문은 당신에게 던지는 질문이고 나에게 묻는 말이다.

5. 책을 만드는 데 도움을 주는 분들

_ 판권지에 나오는 이름들

　책을 만들기까지는 생각보다 많은 사람의 도움이 필요하다. 작가일 때나 독자일 때는 미처 보지 않았던 부분인 '판권'에 대한 부분을 소개하고자 한다.

　　책제목

　　1쇄발행 년 월 일

　　지은이

　　펴낸이

　　펴낸곳

　　편집

　　디자인

　　마케팅

　　출판등록

주소

홈페이지

ISBN

판권에 보면 많은 사람의 이름이 나온다. 제일 먼저 나오는 책을 쓴 사람의 이름, 그리고 펴낸 이, 편집한 이, 디자이너, 마케팅 및 유통 등의 이름들이다. 판권이 없으면 서지정보에 등록할 수 없다. 어떨 때는 내 책이 아니라고 해도 판권지에 소개된 이들을 생각해 본다. 글은 한 사람이 썼는데 이름이 이렇게 적혀 있는 게 어떤 의미일지 작가들은 헤아릴 수 있을까?

나처럼 작은 출판사를 하다 보면 내가 미니어처처럼 작아질 때가 있다. 그중에 많은 부분은 '돈'과 관련된다. 돈이 있다면 이렇게 고생할까? 직원들이 있다면 얼마나 좋을까? 누군가 이런 일을 대신 처리해준다면 얼마나 좋을까? 이런 생각으로 책을 만들 때부터 엄청 고심한다. 택배비 인상, 종잇값 인상은 그대로 출판사에 영향을 미친다. 출판사를 시작한 지 만 2년이 되어가는데 종잇값은 4번이나 올랐다. 그런데 책 가격은? 올릴 수 없다.

또한 출판사는 후지급제다. 책 제작에 드는 비용은

선지급이고, 책 판매는 후지급으로 들어오니 어느 정도 재정이 필요하다. 그래서 내가 매달 한 권의 책을 만들기로 한 건 책 한 권에 집중하기 위해서라는 의미로 시작했지만, 재정 면에서도 탁월한 방법이란 생각을 한다.

그래도 어떤 분들은 간혹 아무 의미 없이, 아무 목적 없이 그냥 자신들이 모은 귀한 재정을 나눠준다. 매달 조금씩 후원하고 있는 친구가 있다. 현주는 고등학교 1학년 때 만난 단짝 친구다. 통장을 들고 쓰라며 가져왔는데 깜짝 놀라 돌려보냈더니 이제는 매달 보내는 게 있다. 일이 잘될 때도 있고 자신이 어려운 일에 처해도 한결같다. 사랑이 '일'이 될까 봐 언제든 그만 해도 된다고 말해도 한결같다.

그리고 신간이 나오면 꼭 한 권씩 사주는 정아 언니가 있다. 나는 언니가 없어서 늘 언니가 고팠다. 그런 나에게 친언니가 있다면 저런 분이면 좋겠다고 생각했던 그런 분이다. 티 내고 자랑하는 나와 다르게 조용히 뒤에서 응원과 격려를 해주는 사람이다.

민희 언니가 보내준 재정도 기억에 남는다. 언니가 보내준 돈은 책을 만드는데 사용했다. 제주도라는 물리적인 먼 곳에서 비싼 배송비를 추가하며 한사람출판사 책을 사주는 지영 언니도 있다.

일주일에 3번 운동하기로 약속하고 돈을 빌려준 동생도 있다. 돈을 빌리는데 이자가 아닌 운동 3번이다. 얼마나 나를 생각하는지 평생 잊을 수 없다.

그리고 개척교회를 하고 있는 유성현 목사님도 있다. 이런 분들을 생각하면 목이 메인다. 그런데 이분들은 판권에 이름을 올릴 수 없다. 출판사 직원이 아니니깐. 하지만 내 마음에 남긴다.

이분들의 격려와 기도, 사랑 덕분에 살고 있다. 글을 써본 사람은 알지만 글을 쓴다는 것은 자기 몸을 깎는 일이다. 나의 생명과 글을 바꾼다. 그런데 출판사를 운영하니 얼마나 더 힘들까?

6. 책을 내고 잠수타면 어떡해요?

출판사를 하면서 나를 깜짝 놀라게 하는 몇몇 작가들이 있었다. 사람이 아무리 화장실 들어갈 때랑 나올 때가 다르다고 해도 마음이 너무 상해 한동안 일을 하지 못했던 그런 일들이 있었다. 책을 내줄 때 고마워하던 마음들은 공기처럼 사라지고 출판사에 대해 이러쿵, 저러쿵 서운함을 토로하는 게 납득이 되지 않았다.

어떤 작가는 너무 무지해서 계약서에 기재되어 있고, 자신이 낸 책에 대한 홍보를 요청했는데 지적재산 운운하며 거절한 경우도 있었다. 소통의 부재에서 비롯된 일이기는 했지만, 마음이 오랫동안 상했었다.

이상한 작가라고 생각되다가도 다 내 수준의 사람들이라 생각하면 함부로 대할 수 없다. 대신 다음부터는 나 몰라라 하는 작가들과 작업하지 않기 위해 작가를 컨택하는데 신중을 기하게 되었다. 그래서 하게 된 게 사전 미팅이다.

흔히 우리가 생각할 때 무명 작가는 무명이라 겸손할 것이라 생각한다. 그런데 그건 모르겠다. 겸손한 듯 보이다가도 책을 낸 뒤에는 갑자기 유명한 작가 수준으로 자신을 생각하는 분들도 있기 때문이다. 그러면 한마디만 하고 싶다. "당신은 이 책이 나오기 전에는 한 권도 내지 않았던 무명이었음을 잊지 마세요." 영영하지 못한 말이지만.

여러 번 강조해도 작가들이 잘 생각하지 못하는 포인트가 있다. 출판사는 작가의 책을 통해 하나의 큰 도전을 하고 있다. 흔히 작가들은 본인의 책이 베스트셀러가 될 것으로 생각한다. 책이 잘되지 않을 경우는 전혀 생각하지 않는다. 그러니 조금만 판매지수가 올라가고 지인들이 책을 샀다고 말하는 것을 들으면 굉장히 우쭐해진다. 판매지수는 판매된 책의 개수가 아니다. 한 주의 판매된 동향을 반영한 것이다. 물론 판매지수가 높으면 매출에 영향을 미치는 게 맞다. 하지만 판매지수가 높아도 베스트셀러가 되는 건 아니다. 베스트셀러가 되는 기준은 각 플랫폼에서 세운 기준에 따라 그들이 붙여주는 것이라 출판사는 알 수 없고, 이것도 일정 기간 동안의 판매 동향을 기준으로 삼았을 뿐이다.

출판사는 책이 잘 되는 경우보다 되지 않을 경우까지도 생각한다. 한마디로, 위험비용을 출판사가 부담할 마음으로 작가의 책을 작업한다. 출판사 갑질이 왜 일어나는가? 재정을 쓰는 출판사가 우위라고 생각하기 때문이다. 하지만 출판사는 작가에게 사랑과 존경의 마음을 가지고 있어야 한다. 그래야 서로 대화가 잘 되면서 하나의 작품을 만들 수 있다.

그런데 출판사 못지않게 작가도 자기의 책을 출판해주는 출판사에 대한 존중과 사랑이 필요하다. 혼자 책을 만든다고 생각해보라. 얼마나 힘들겠는가? 출판사가 잘 되고 알려져야 작가의 책도 같이 홍보된다. 그래서 서로 잘되기를 바라는 그런 마음이 있어야 한다.

그러나 내가 받을 것만 있는 대상으로 출판사를 대하면 어떨까? 출판사도 작가를 그렇게 대우하게 된다. 물론 사람이 하는 일에 오해도 있고 마음에 들지 않는 점도 있다. 하지만 서운한 점은 다시 볼 사람처럼 묻고, 감사한 것을 서로 나누며 앞으로의 관계를 만들어가는 게 좋겠다.

또한 책에 대해 홍보하는 일은 출판사가 요청하지 않더라도 작가가 해야 할 당연한 일이다. 내 책을 내준 출판사가 고맙지 않은가? 고마운 마음을 갖게 된다면 이 책을 잘 읽었다고 할 수 있다. 출판사와 작가는 상극이 아닌 상생 관계이다. 그런데 내가 누군데?, 내가 작간데? 하면서 출판사가 당연히 해야 할 일이라고 미룬다면 출판사도 그때부터 작가의 권리와 책임에 대해 따지고 싶은 마음이 든다.

다시 말하지만, 책만 내고 잠수 탈 사람은 책을 내면 안 된다. 잠수는 물속에서만 타는 거지 책을 내고 잠수 타면 안 된다. 인맥이 부족해도 열심히 홍보할 사람들, 자기가 쓴 책에 대해 사람들에게 말하기를 부끄러워하지 않는 사람이 성실한 사람이고 책임을 다하는 작가라고 생각한다.

나는 작가들의 디딤돌이 되고 싶어서 출판사를 운영하고 있다. 제일 먼저 작가의 팬이 되고 싶은 마음으로 책을 만든다. 이해가 되지 않거나 질문이 생기면 건강하게 피드백하는 사람이 좋다. 건강한 작가로부터 건강한 글이 나오니, 이런 사람을 환영하는 게 이상한 일은 아닐 게다.

7. 책 한 권에 목숨 걸지 마세요

무명 작가와 작업하는 일은 재미있다. 하지만 힘든 날도 종종 있다. 책이 만들어지는 과정을 잘 모르니 전체 그림을 볼 수 있는 조망 능력이 떨어지고, 더 큰 문제는 이 책이 작가에게 첫 책이다 보니 모든 것을 작가가 주도하려고 할 때 힘이 든다. 첫 책이니 작가에게 중요하다는 것은 충분히 이해한다.

하지만 작가가 모든 것을 결정하려고 한다면 방법이 하나 있다. 자가 출판을 해서 본인이 출판에 대한 모든 비용을 지불하면 된다. 그런데 요즘에는 자가 출판에도 두 가지 방식이 있다. 본인이 원하는 대로 찍고 작가가 전체 수량을 가져가거나 작가가 재정을 지불하고 출판사가 유통을 맡는 경우이다.

그런데 후자의 경우 출판사가 유통한다는 것은 출판사의 이름으로 책이 나가는 것이기 때문에 작가가 마음대로 할 수 없다. 책은 출판사가 팔아야 하기 때문이다. 그래서 자가 출판할 때도 출판사와 충분히 협의가 필요하다.

그런데 자가 출판이 아닌 일반적으로 출판사에서 기획하는 경우는 어떨까? 처음으로 책을 쓴 작가들은 이 한 권에 자신의 모든 에너지를 사용한다. 작가의 마음을 충분히 이해하지만 출판사는 작가의 요청을 받아줄 수 없다. 왜냐하면 출판사 입장에서는 최선을 다해 만들겠지만 작가 마음대로 끌려다니기에는 같이 일하는 사람들이 있기 때문이다.

출판사는 마케팅에 대한 경험과 출판 시장과 현황에 대한 이해가 있다. 작가가 보지 못하는 것을 출판사는 본다. 자신의 책만 생각하는 작가와 다른 책들과 서점에 판매되고 있는 많은 책과 경쟁하기 위해서 출판사는 애를 쓰고 있다. 이것을 믿어주지 않거나 마음을 맞추지 못하면 큰일이 생긴다.

그래서 흔히 출판은 사람 장사라고 한다. 이 말은 정확하다. 출판사는 책을 만드는 곳이지만 결국 작가라는 사람을 통해 책을 만들기 때문이다. 어떤 출판사는 나이 많은 분들과는 작업하지 않는다고 못 박았다. 처음에는 이해하지 못했는데 무슨 의미인지 시간이 지나면서 어느 정도 이해가 됐다. 나이가 많고 적음의 문제는 아니지만 경험이 많은 사람은 수정하고 싶어 하지 않는다. 다른 사람이 나를 위해 노력해주었다고 해도 내가 원하는 대로 해야 직성이 풀리기 때문에 이견을 조율하기가 쉽지 않다.

한 출판사 대표님은 이런 말씀을 해주셨다. "저는 작가들에게 정말 친절하게 대합니다. 그건 진심이에요. 하지만 책에 대한 주도권은 출판사 대표인 저의 것입니다. 저는 그 선을 넘는 사람과는 작업하지 않습니다."

작가와 마음이 맞지 않으면 진심이 불통이 되고 편의가 권리로 남용되는 것을 경험하면서, 작가도 출판사를 잘 만나야겠지만 출판사도 작가를 잘 만나야 한다는 걸 다시 한번 깨닫는다.

8. 출판사를 하면서 생긴 말실수

　중학교 때 일이다. 친한 친구네 집은 떡집을 운영했다. 친구가 부러웠던 건 늘 마음껏 먹을 수 있는 떡과 손님들이 낸 잔돈을 용돈으로 취할 수 있다는 점이었다. 그때 우리는 돈이 아예 없거나 있어도 일이천 원 정도인데 친구는 새벽에 부모님을 도와 떡집 일을 하고 부모님께서 잔돈 주머니에서 한 움큼씩 돈을 가져가라고 하셨다고 했다. 나는 그게 부러웠다. 떡도 먹고, 돈도 벌고.

　그런데 그 친구는 부모님이 떡집 하시는 게 싫다며 울었다. 떡집을 하는 바람에 소풍도, 휴가도, 한 번도 가본 적이 없다고 했다. 게다가 다른 부모님들과 다르게 연세가 많으셔서 내 눈에 보기에도 할아버지, 할머니처럼 보였다. 이것만이 아니라 친구의 손톱 밑에는 검정 때처럼 시꺼먼 게 묻어 있었다. 처음에는 잘 안 씻어서 그런 줄 알았는데, 재료를 손질하다 생긴 것이라 했다.

친구의 이야기를 들으며 나는 왜 친구가 돈을 쉽게 쓰지 않는지 알게 되었다. 친구가 쥐고 있던 한 움큼의 돈은 남들이 다 자고 있을 때 이른 새벽부터 간수를 보고 떡을 만드는 수고스러움이었고, 청소년기였는데도 비누로 손을 씻어도 없어지지 않을 만큼 어려운 일이었다.

그 뒤로 나는 떡집이 새롭게 보이기 시작했다. 친구는 한 번도 자기 떡집에 와서 떡을 먹으라는 둥, 아니면 간식으로 떡을 가져오거나 떡에 대해 함부로 말하거나 하는 실수를 하지 않았다.

다른 친구는 슈퍼집 딸이었다. 내가 부러운 건 슈퍼집 딸도 마찬가지였다. 마치 커다란 냉장고를 가지고 있는 것처럼 슈퍼집 친구도 맛있는 것을 먹고 있을 것 같았다. 그런데 친구는 말하길 자신은 제대로 생긴 아이스크림을 한 번도 먹어 본 적이 없다고 했다.

그 말인 즉, 아이스크림(하드) 모양이 변하고 뒤틀어

지면 상품성이 떨어지기 때문에 그런 것만 먹을 수 있었고, 가끔은 너무 아이스크림이 먹고 싶어서 일부러 모양을 비튼 적도 있다고 했다. 아무튼 슈퍼집도 다른 사람이 모르는 수고로움이 있었다. 차라리 눈에 보이지 않으면 유혹이라도 덜하지, 그 친구는 집에 있는데도 먹을 수 없으니 괴롭다고 했다.

중학교 시절 친구들 생각이 갑자기 난 건 내가 출판사를 하면서 무심코 했던 말과 행동 때문이다. 출판사를 하면서 몇몇 분께 보고 싶은 책은 언제든지 말하라고 했다. 이렇게 말해도 실제로 책을 보내달라고 하는 사람은 한 사람도 없었다.

그런데 어떤 분이 신간이 나오거나 보고 싶은 책이 생기면 자연스럽게 나에게 보내달라고 연락을 해왔다. 그럴 만한 이유가 있으리라 생각했고 몇 권은 괜찮다는 생각에 아무 말 없이 보내줬다. 두 어 차례 발송을 했는데 세 번째 정도가 되었을 즈음 또 책을 보내달라고 했다. 안되겠다는 생각에 그분에게 메시지를 남겼다. 출판사를 아끼는 마음으로 앞으로는 책을 구매해주시면 좋겠다고 말이다. 그래도 불쾌한 기분은 사라지지 않았다.

그런데 다음 날, 그분이 다시 연락을 주셨다. 본인이 그렇게 한 것은 내가 보고 싶은 책은 언제든 말씀하라고 했기 때문에 그렇게 했다는 거였다. 아뿔싸! 카톡을 찾아보니 내가 그렇게 썼던 게 맞았다. 그제서야 기억이 났다.

사실 내 이야기만 들으면 책을 보내달라고 한 사람은 무례한 사람이라고 생각할 수 있다. 그러나 내가 잘못한 일이다. 내가 그렇게 말한 게 맞기 때문이다. 인사치레처럼 했던 말을 상대는 진심으로 받았다. 나의 말실수는 그렇게 말해도 실제로 책을 보내달라고 했던 사람이 없었기 때문이었다. 이 기회가 아니면 나는 평생 고치지 못했을 일이었다.

너무 부끄러웠다. 내가 이전에 말한 것을 인정하고 죄송하다며 문자를 보냈다. 이 일로 출판사를 운영하며 그냥 책을 보내주겠다는 말을 허투루 하지 않게 되었다. 아마 이런 분이 아니었다면 그 뒤로도 "언제든지 책이 필요하면 말해"라는 말을 했을 거다.

9. 처음부터 영향력이 생기지는 않는 걸 알지만

_그래도 속상한 1인 출판사

나는 대개 긍정적이다. 낙관적이 아닌 긍정적. 하염없이 좋게만 생각하는 나쁜 버릇, 못된 버릇. 현실을 직시하지 못하고 두 눈을 질끈 감게 만드는 내적 습성. 그것 덕분에 사람에 대한 편견이 별로 없다. 누구하고도 친구가 금방 된다. 진짜 친구는 아니더라도 같이 수다를 떨기 충분한 대상 정도는 된다. 그래도 좋은 점을 하나 더 고르라고 한다면 창조적이라고 해야 할까? 아니, 이상적이라고 하는 편이 낫겠다.

출판사를 연 것도 그랬다. 처음에는 재정이 전혀 없는 상태라 독립출판사를 알아보고 있었다. 그런데 독립출판물을 만들어 유통하는 통로가 비교적 적었다. 소신을 지킬 수 있다는 것과 매력적인 자기 색깔을 부각할 수 있다는 것 외에는 독자들을 쉽고 빠르게 만날 수 없었다.

자체 서점을 가지고 있다면 다른 이야기가 될 수 있다. 만약 조금이라도 자금이 있어 독립서점을 열 수 있다면 그렇게 했을 것이다. 내 취향의 책들, 내가 보는 관점을 가지고 책을 준비하고 같이 책을 보고 편안하게 읽을 수 있는 공간을 꿈꿔왔다.

하지만 현실은 돈이 하나도 없었다. 무언가를 해야 하는데 재정이 없으니 꿈만 꾸었다. 그렇다고 멈출 수도 없었다. 이미 출판사를 해 보겠다고 첫 번째 저자의 책을 편집하고 있었다. 그래서 이 책은 원고를 받고 일 년이나 걸렸지만 나는 그때까지도 재정 때문에 많은 고심을 했다.

그러다가 기적처럼 재정이 조금 생겼다. 그리고 한 발자국 뗄 수 있었다. 책을 보기만 했던 내가 책을 만들려고 하니 머리가 복잡하고 힘들었다. 많이 있으면 잘못돼도 다시 시작할 수 있을 텐데 이번에 실패하면 정말 안 될 것 같은 간절함만 커졌다. 뭐, 이런 것은 나만이 가진 것이 아니라 소상공인 같은 사람들의 공통적인 바람이라 생각된다.

전혀 모르는 영역에서 하나씩 배우는 이 모든 순간에 사람들을 만나는 것도 신기하다. 누군가는 출판사의 미래를 태동부터 걱정하는 이가 있고 작가들을 물어주는 고마운 일을 하는 사람도 있다. 나에겐 이런 게 다 기적이다. 관심을 가져주는 것만으로도 고마운데 재정도 나눠주고 작가가 서점으로 배포될 광고문구도 만들어준다.

그래도 처음 출판사를 시작했던 이벤트를 한 날을 잊을 수 없다. 블로그에서 서평 이벤트도 열고 돈을 들여 인스타 홍보도 했다. 얼굴 두껍게 페이스북에도 여러 번 올리고 원래 하지 못했던 일들을 출판사를 열며 하기 시작했다. 이렇게라도 해서 책이 팔릴 수 있다면 좋겠다는 생각뿐이었다.

그런데 아무도 관심을 보이지 않았다. 드라마틱한 반전도 없었다. 그러다 마중물처럼 어떤 분이 서평을 해 주신다고 했다. 그분을 시작으로 몇몇 분이 서평을 해 주었다. 어떻게 서평 이벤트를 해야 할지 하나도 몰랐고 지인들에게는 괜한 부담만 드렸던 초창기 나의 실패담이다.

내가 이 챕터를 쓴 이유는 단 하나다. 실패한 것으로

보여도 멈추지 않아야 하는 것은 대표의 몫이다. 첫 출발은 다 그렇다. 하는 것만으로도 잘하고 있다.

인터넷 서점에서 하는 팝업 이벤트, 굿즈를 이용해서 판매도 했는데 홍보비도 걷지 못했다. 한 달의 천만 원 이상을 버는 외서 전문 출판사는 20%를 홍보비로 사용한다고 했다. 말인즉슨 2백만 원은 인스타, 페이스북 홍보비로 쓴다는 게다. 깜짝 놀랐다. 나는 그렇게 지출한 적이 없다.

대신 내가 하는 방법은 네이버, 다음에 있는 서평 카페를 통해 책을 드리고 홍보를 한다. 과거에 비해 퀄리티가 많이 떨어져서 이것도 고민이고, 택배비가 계속 오르고 있어 이점도 참 힘들다. 그래서 일반우편으로 보낸다. 이것만 해도 많은 지출이다. 이렇게 책이 나오면 100권 정도를 홍보용으로 사용하고 있는데 간단히 계산해도 100권에 택배비 3,500원을 계산해도 얼마이겠는가? 그러니 쉬운 게 아니다.

< 책 홍보하는 방법 >

① 서평이벤트를 하고 있는 카페(naver cafe)와 홈페이지: 책과콩나무, 리뷰어스클럽, 컬처블룸, 몽실북

클럼, 레뷰 등이 있다. 형식은 다르지만 책 표지 이미지, 목업 이미지, 홍보카드, 책 소개, 저자 소개, 목차를 준비해야 한다.

② SNS 유료 광고 : 페이스북, 인스타그램을 통해 책을 홍보할 수 있다.

③ 인터넷 서점 유료 광고 : 인터넷 서점에 들어온 독자들이 잘 볼 수 있도록 배너 등을 설치해 클릭하고 들어갈 수 있도록 한다. 또는 책을 구입하면 기념품을 증정하는 방식으로 진행한다.

④ 굿즈 제작 : 책 표지에 사용된 이미지를 포스터, 엽서 등의 형태로 만들어 홍보하는데 사용할 수 있다.

⑤ 작가 출간회 : 책에 대해 소소한 이야기가 진행되도록 준비한다. 독립서점, 카페, 대형 서점 등의 장소에서 할 수 있다.

* 출판사 자체 서평단 운영하기

카페를 통해 서평단을 모집하려면 책 이미지, 홍보 뉴스, 카드 등을 제공해야 한다. 서평단을 운영하는 카페는 대체로 규모가 크고 규칙이 엄격해 책을 받으면 받았다는 사진을 올리고, 약속한 기한 내에 서평들이 올라온다.

그런데 어떤 분들은 책만 받고 리뷰를 안 한다. 책에 올라가는 정보도 관심과 정성을 기울인 내용이 아니라 내가 올린 대로만 하는 분들도 있어서 고민하게 됐다. 서평단도 너무 많고 인플루언서(influencer)가 하면 꽤 많은 비용을 지급해야 한다. 가끔 유튜브에서 책을 소개하는 분들에게 홍보를 요청했는데 별다른 효과를 보지 못했다.

약간 서평단 활동에 불만족스러움을 느끼고 있을 때 나는 우리 출판사를 응원하고 좋아해 주는 출판사 서평단이 있으면 좋겠다고 생각했다. 그래서 출판사 블로그를 통해 서포터즈를 모집하고 있다. 현재 5기까지 발전했다. 대부분이 믿고 책을 보내준 것에 대해 성실히 홍보활동을 해주고 있다.

* SNS 이벤트 예시

도서를 구입하시고, 리뷰를 작성해 주신분들 가운데, 추첨을 통하여 소정의 선물을 드립니다.

기간

선물

1. 한사람출판사 신간 1권을 선물로 드립니다(10명).
2. 스타벅스 아메리카노 쿠폰을 드립니다(10명).

* 서평 이벤트 참여방법 예문

1. 현재 보고 계신 블로그를 이웃추가 해주세요.
2. 본 포스팅을 자신의 블로그에 전체 공개로 스크랩해주세요.
3. 스크랩 url과 책 구절 중 인용했으면 하는 부분을 체크해주시면 좋습니다.
4. 이벤트 기간
5. 당첨인원

* 한사람출판사 서포터즈 모집문

모집인원

활동기간

지원대상   활동 기간 동안 적극적인 미션 수행이 가능한 분

혜 택   신간 증정, 스페셜 굿즈, 작가와의 만남 및 강연 초대

우수활동자-서포터즈 자격 연장, 도서지원금 증정

활동내용

블로그, 카페, SNS, 온라인 4대 서점 등에 직접 쓴 서평 올리기

신청기간

신청발표

신청방법　　네이버 폼 주소 올리기

문　의　　전화번호 혹은 이메일

D.

출판사
대표가
되다

1. 출판사를 신고하기 전 필요한 것

_ 출판사 이름짓기

출판사 이름은 어떻게 정하는 걸까? 내 생각에는 자신이 마음에 들면 된다. 저마다 출판사를 하고자 하는 이유가 있을 것이다. 그런 목적, 이유, 설명을 담으면 좋다. 그런데 한 가지 명심해야 할 것이 있다. 내가 정한 이름이라고 해도 나만 쓰고 있다고 생각하면 큰 오산이다.

이름을 몇 개 생각하고 〈출판사 인쇄사 검색시스템〉이라고 키워드를 입력해 검색해보자.

출판사 인쇄사 검색 사이트
http://book.mcst.go.kr/html/main.php

놀랍기도 하고 별로 놀랍지 않은 건 내가 하고 싶은 제목은 이미 다른 사람이 하고 있다는 것이다. 놀랍지 않은가? 사람 생각하는 게 거기서 거기다. 나는 이때부터 약간 겸손해진 것 같다.

내가 하고자 했던 출판사의 이름은 이미 등록되어 있었다. 그러면 어떤 사람은 나는 그래도 할 거야, 라고 생각할 수 있는데 그건 몰라서 그렇다. 출판사는 정부에 등록을 해야 하는 것이기 때문에 동일한 이름은 쓸 수 없다.

2. 어쩌다 출판사를 시작했냐고요?

_ 잘리기 싫어서요

이름은 보이지 않는 것을 보이게 하는 존재 양식이 되며, 앞으로 무슨 일을 할지를 결정짓는 중요한 청사진을 제공한다. 그것이 이름이 주는 힘이다. 나에게 '한 사람'이란 의미는 나를 위한 의미였다. 아무도 발견하지 못한 '나', 사람들에게 보여주고 싶은 '나', 그래서 쓸모없는 것처럼 느껴지는 '나'에 대한 의미였다. 너무도 열심히 살았지만 주목받지 못하고, 영향력을 기대했지만 따르는 이 없는 외로운 삶을 사는 그런 내가 해야 할 일이 필요했다.

종종 출판사를 언제부터 하려고 했냐고 사람들이 물어보면 당황스럽다. 원래 내 인생에 출판사는 계획에 없었다. 의도한 게 아니었다. 그냥 내가 무엇을 할 수 있을지를 생각하다가 나도 모르게 시작했다. 나도 모를 수가 있냐고? 그렇다.

정식으로 출판하려고 한 것은 아니고 내 주변에 있는 무명하나 글을 잘 쓰고 삶이 뒷받침되는 그런 한 사람을 소개해주고 싶었다. 그를 소개하는 것이 마치 나를 소개하는 것처럼 느껴졌다. 누군가 사람을 구하는 것이 자기를 구하는 것이라고 느끼는 일처럼 나는 그를 소개하면서 어느 정도의 대리만족을 느끼고 싶었는지 모르겠다. 하지만 정직한 마음으로 이용해 먹으려고 하는 생각은 없었다. 엄격하게 말해서 뭔가 시작해야 할 것 같았다. 가장 솔직한 마음은 더 이상 잘릴 수 있는 곳에서 일하고 싶지 않았다.

출판사를 시작한 일은 나를 취업시킨 일이다. 잘릴지 말지 고용불안에 시달리지 않아도 되고, 일하고 싶으면 더 일해도 되고, 퇴근하고 싶으면 퇴근해도 된다. 출근 시간에 늦을까 봐 뛰어다닐 일도 없고, 버스에서 모르는 사람들과 부대끼거나 치일 필요도 없다. 아이가 아프다고 핑계 아닌 이유를 둘러댈 필요도 없고, 늦잠 자고 싶으면 늦잠 자도 괜찮다.

물론 시간을 자유롭게 사용할 수 있다는 것에는 그

만큼의 책임이 필요하다. 나는 출판사를 하기 전에도 나의 일에 루틴이 있었다. 사무실로 출근하는 것 외에는 크게 달라진 게 없었다. 이 점이 중요하다. 나는 출판사를 하기 전에도 내가 무엇을 해야 하는지 정확히 알고 있었다. 다른 말로 하면 자기관리를 성실하게 했었다. 그래서 혼자 일해도 전혀 무너지지 않았다.

만약 출판사를 시작하려고 하는데 내가 게으르고 약속을 지키지 못하고 자기에게만 관대한 사람이라고 한다면 출판사가 중요한 게 아니라 자신의 삶을 먼저 세우는 게 중요하다. 출판은 약속이다. 작가와 한 약속을 지키지 못하면 마음을 얻을 수 없고, 그런 출판사는 소문이 나서 망하는 게 아니라 잘못된 태도가 누적되어 망하는 것이다.

내가 하는 일에 대해 책임지려고 부단히 노력해야한다. 이래라저래라 하는 사람이 없으니 내 멋대로 하겠다는 게 아니다. 잔소리할 사람이 없고 눈치 보지 않아도 되니 내가 정말 하고 싶은 일을 할 수 있는 환경이 되었다. 불필요한 것이 제거되었으니 이제는 내 실력을 보여줄 때다. 물론 출판을 한 적이 없어서 미흡한 부분이 많이 있지만, 다른 부분에 있어서는 동일하다. 성실하고 책임있는 태도는 기본 중의 기본이고, 능력은 배우면 잘할 수 있다.

내가 출판사를 하면서 좋았던 점은 눈치 보지 않고 아이를 돌볼 수 있다는 데 있다. 일을 하는 여자들에게 자녀란 때때로 현장에서는 콤플렉스로 작용하기도 한다. 더 하고 싶어도 일을 할 수 없고, 자녀를 돌봐야 하기 때문에 늘 최상이 아닌 아이와 나에게 최선의 선택을 해야 했다. 그런데 출판사를 하게 되면 내가 시간을 융통성 있게 사용할 수 있기 때문에 아이와 가정을 돌보는데도 힘들지 않다. 아이가 학교에 가거나 유치원에 갔을 때 그 시간에 집중해서 일하면 되고 다시 집으로 돌아오면 아이를 옆에서 보면 된다. 집에서 일하는 가장 좋은 장점은 내 시간을 마음껏 활용할 수 있다는 것이다.

직장 다닐 때는 '죄송합니다'라고 말하면 되고, 심하게 실수해도 경위서를 쓰면 된다. 물론 손해를 입혀도 마음씨 좋은 상사를 만나면 조금의 감봉이 있을 수 있지만 대개는 그냥 넘어간다. 하지만 출판사에서는 책임을 물을 사람이 없어도 책임을 질 사람은 있다. 바로 '나'만 덩그러니 남아 있다.

모든 일을 내가 결정하지만 모든 일에 대한 책임도

내가 져야 한다는 게 1인 출판사의 매력이자 어려움이다. 내가 잘못 내린 결정 때문에 손해를 보면 어떡하지? 자본금이 부족한 나에게는 한 번의 실수도 치명적이다. 그래서 어떤 결정을 내릴 때는 더 많이 생각하고 판단을 내려야 한다.

하지만 재정 때문에 그런 것만은 아니다. 내가 언제 한 번이라도 스스로 결정하고 끝까지 일을 해냈던 적이 있었던가? 학교나 사회에서 착한 사람이라는 소리를 들을수록 내 의견은 줄어들었다. 하지만 출판사를 시작하고는 정반대다. 다른 모든 소리는 사라지고 오롯이 내 소리만 켜진다. 모든 일에 내가 중심이 되어 판단해야 한다.

그럴 때마다 문제가 줄어드는 것이 아니고 더 많은 질문이 생긴다. 돈과 시간, 건강, 에너지를 온통 쓰면서 내가 이 일을 왜 하고 있는 지를 끊임없이 묻게 된다. 무엇보다 내가 이 일을 해도 되는지에 대한 자기 스스로에 대한 '허락'과 '확신'이 강하게 필요하다. 나는 가끔 나에게 인터뷰를 하듯 묻는다.

진행자: 당신은 왜 이 일을 하려고 하시나요?
나: 저요? 더 이상 옮겨 다니며 일하고 싶지 않아서요.

진행자: 그러면 그냥 좋아하는 일이 아닌 밥벌이를 위해서 하는 건가요?

나: 밥벌이요? 밥벌이가 되는지는 모르겠습니다만 저는 책을 좋아해요.

진행자: 그러면 책을 좋아한다는 이유가 출판사를 하려는 이유와 적합하다고 생각하십니까?

나: 글쎄요. 솔직히 말씀드리자면 한번 해 보고 싶었어요. 더 나이 들기 전에 나에게 어떤 일이 맞는지 잘 모르지만 도전해보고 싶었어요.

다시 말하지만 작정하고 출판사를 차릴 생각은 없었다. 이 일도 내 인생 각본에는 있지 않은 일이었다. 하긴 계획이 없었다. 내 맘대로 되는 게 없는 야속한 세상이었다. 그게 정직한 건지 몰라도 나에게는 되는 게 별로 없었다.

그리고 내 맘대로 출판사를 차렸지만, 덜컥 겁이 난 건 '왜' 하는지보다는 이제는 '무엇을' 할 수 있을지에 관한 두려움 때문이었다. 내가 좋아하든 좋아하지 않든 학교를 오래 다닌 탓에 글쓰기와 책 읽기는 기본이라지만 정말 이거 하나 믿고 시작해도 될까 의심스러웠다.

3. 출판사 이름을 이렇게 지은 이유

    더 멋진 이름도 많겠지만 나는 '한사람'이라는 이름을 출판사명으로 쓰기로 마음을 굳혔다. 여기서 한 사람은 나다. 내가 빠진 출판사는 나에게 아무런 의미를 주지 못한다. 1인 출판사라서 그런 게 아니라 출판이라는 새로운 사명에 충성하기 위해서 나에게 주는 한 사람의 의미는 새로운 정체성이 되었다. 이름을 걸고 운영하는 식당처럼, 학원처럼, 여느 브랜드처럼, 나는 내 이름을 걸지 않았지만 묵묵히 제자리를 지키는 한 사람이 되어 다른 사람을 세워나가고 싶다.

    그래서 나는 내가 중요하듯 내 앞에 서 있는 또 다른 한 사람을 찾는다. 그 한 사람이 내게는 작가다. 나는 작가를 만족시키는 출판사를 열고 싶다. 그렇다고 작가의 취향이나 구미를 맞추겠다는 의미는 아니다. 작가가 살아온 삶, 하고 싶은 이야기를 온전히 담는 그릇이 되어주고 싶을 뿐.

그렇게 책을 통해 자신의 이야기를 뿜어내면 나는 그 사람이 살아나리라 생각한다. 많은 사람에게 감동을 주는 출판사가 되면 좋겠지만 적어도 내 앞에선 한 사람인 작가의 마음을 읽고, 그와 눈 맞추며 손뼉 쳐주는 출판사가 되고 싶다.

'한사람' 출판사의 한 사람은 나로부터 시작한 것이기에 나의 정체성이기도 하다. 그러므로 나의 무게의 값과 다른 사람의 무게의 값은 같다. 나의 목소리와 다른 사람의 목소리는 같다. 내가 행복하고 건강해야만 기분 좋게 할 수 있는 일이라 생각되기에. 나는 서비스를 한다고 생각하지 않는다. 생명을 낳는다고 생각할 뿐.

4. 출판사 이름으로 로고 만들기

처음 출판사 로고는 아들이 만든 회사에 의뢰해 만든 것이다. 아들이 만든 회사라고 하니 거창할 거라고 생각할 수 있는데 그렇지 않다. 초등학교 2학년 때 아들은 〈블랙스톤〉이라는 회사를 만들었다. 본인이 대표이고 함께 일하는 사람들도 있었다. 구성원도 어린이들. 자기들끼리 회의도 하고 사업도 했었다. 물론 사무실도 없고, 사업자등록증도 없는 말 그대로 어린이 회사이다.

출판사 이름은 정해졌지만 로고를 만든다는 게 어려웠다. 그래서 아들이라 생각하지 않고 그냥 혼잣말하듯 출판사를 열게 된 계기, 그리고 이름의 의미 등을 자세하게 설명했다. 그랬더니 아들이 진지하게 귀담

아들는 게 아닌가! 그래서 농담 반 진단 반으로 어린이 회사에 디자인을 의뢰했다. 그리고 몇 주 뒤 〈블랙스톤〉에서 이렇게 그림을 그려왔다.

[블랙스톤 어린이회사에서 그려준 로고]

아이들의 설명은 이랬다. "점점 시들어가는 꽃잎에 생명을 넣어주는 모습이라고."

설명을 듣고 보니 그럴듯하게 보였다.

맞았다.

꺼져가는 등불이라고 가망 없다고 지나가지 않고, 이미 꺾여버린 갈대라고 끊고 가버리지 않는 조금은 멍청하고 더디고 모자란 듯해 보이는… 계산하나 계산하지 않는 그런 그림이 필요했었다.

A bruised reed he will not break, and a smoldering wick he will not snuff out. In faithfulness he will bring forth justice. (Isaiah 42:3)

아이들의 생각은 옳았다. 내가 생각했던 것보다 자연스럽고 감각적으로 이미지화(imaging)했다. 단순한 듯 보이지만 명확하게 그린 아이들의 그림이 점점 마음에 들었다. 그래서 이를 바탕으로 첫 번째 로고를 만들었다.

　말할 곳 없는 사람들, 옳다고 여기지만 자신감을 자꾸 잃는 사람들을 위한 글들이면 좋겠다고 생각했다.

　글은 생명력이 있어 사람을 치유한다.
　나는 그것을 믿는다.

　이 로고는 아이들이 그린 그림의 의미를 최대한 살려서 반영했다.

　한 사람에게 물을 준다.

　용기도, 공감도, 사랑의 말들로 키운다. 만드는 자나 읽는 자나 쓰는 자가 읽으면 읽을수록 살아나는 책들이 되기를 소망하며, 이 로고로 시작했다.

/ 현재 로고들: 한사람 출판사 로고 + 한사람북스 로고

한사람

한사람북스

5. 행정 정리

_ 신고필증, 사업자등록증, 은행, 도장 등 내 이름은 사장님

처음에는 독립출판물을 만들고 싶었다. 재정이 별로 들지 않을 것 같았고 개성 있는 책을 만들고 싶어서였다. 하지만 생각보다 독립출판을 준비하면서 에너지를 사용하느니 정식 출판사를 만들어 진행하는 게 낫다고 판단했다.

독립출판물과 정식 출판물의 차이는 ISBN의 차이라 할 수 있다. ISBN은 "International Standard Book Number"의 약자로 '국제 표준 도서 번호'를 의미한다. 즉, 전 세계에서 생산되는 도서를 국제적으로 식별할 수 있는 13개의 숫자를 부여하는데 쉽게 생각하면 '책의 주민등록번호'라고 이해하면 된다. 책의 뒷면에 보면 ISBN이 바코드와 함께 나와 있다. 이것이 있

으면 정식 출판물이고 이것이 없으면 독립출판물이라 생각하면 된다.

또한 ISBN을 부여받을 수 있는 대상은 '출판사'로 정식 등록이 돼 있어야 한다. 물론 요즘은 출판사에서 일정한 수수료를 받고 개인 작가들에게 번호를 부여해주는 일들을 하고 있기도 하다. 예를 들어, 유페이퍼(www.upaper.net)는 전자책을 만드는 플랫폼인데 여기서는 전자책을 만들 때 필요한 ISBN을 대신 발급해주고 비용을 받는다. 이외에도 많은 출판사가 대행한다.

하지만 계속해서 책을 출판하고자 하는 의지가 있다면 출판사를 등록해야 한다. 자기가 사는 구청에 출판사 신고를 하러 왔다고 하면 필요한 서류와 접수증을 받는다. 나 같은 경우에는 구청에 전화를 걸어서 필요한 서류를 물었다. 서류는 어렵지 않았다. 어디에 사무실을 낼 것인지와 관련해서 자기가 사는 집에 대한 임대차계약서를 가져가야 한다. 집에서 사무실을 열 경우, 세대주가 아니라고 할지라도 주민등록등본에 본인이 살고 있으면 임대차계약서를 가져가면 된다.

하지만 나처럼 사택(관사)에 살고 있으면 문제가 좀

다르다. 이때 필요한 것은 '사무실 무상 임대확인서'를 작성해야 한다. 이 서류는 집주인에게 이곳을 출판사로 운영하는 것에 대해 허락을 받는다는 의미이다. 그런데 이 양식은 세무서에 없고, 스스로 만들라고 한다. 그래서 내가 만든 양식을 공유한다.

무상 임대확인서

1. 소재지

2. 소유자(임차인)

3. 사용자

4. 사용기간

5. 제출처

위 공간을 무상으로 사용하고 있음에 동의합니다.

년 월 일

소유자(임차인) :   (인)

이 서류가 필요할 때 나는 좀 움찔했다. 혹시 집주인이 싫어하면 어떡하지? 남편에게 불이익이 되면 어떡하지? 별 별생각이 들었지만 그런 생각을 뒤로하고 서류를 준비했고 다행히 아무런 질문이나 방해 없이 집주인은 도장을 찍어주었다.

훗날 집주인에게 알리지 않고도 할 수 있는 방법을 찾았다. 바로 공유 오피스(office sharing)이다. 한 달에 나가는 비용이 좀 있기는 하지만 10만 원대부터 시작해서 50만 원대까지 사무실을 공유하는 곳들이 많다. 우편 업무와 전대 계약서를 제공해주는 곳은 10만 원대이고 비즈니스센터나 공유오피스(플래그원, 위워크, 패스트파이브 등)는 비용이 비싸다고 생각할 수 있지만 관리비와 전기비 등을 생각하고 책상 등의 고정비를 생각하면 처음에는 이렇게 시작해도 좋을 듯하다. 다만 다른 사람들과 같이 사무실을 사용하는 게 불편할 수 있고 책을 편집할 때 예민해지는데 주변 사람들의 소음이 귀에 거슬린다면 입주하지 않는 게 낫다.

아무튼 제일 중요한 집에 관한 서류를 마련했으니 이제 출판사 신고 신청서, 본인 도장, 본인 신분증을 가지고 가면 구청에 가면 된다. 접수를 하면 '접수증'을 준다. 그리고 2~3일 지나면 신고증이 나왔다는 문자를 받는다. 그러면 면허세 납부서에 적힌 등록면허세 27,000원을 구청 세무과에서 납부하고, 출판사 신고 확인증을 받으면 된다.

하지만 여기서 끝난 게 아니다. 한 가지 더 남았는데, 〈출판사 신고증〉을 가지고 거주지 기준주소지에 있는 세무서에 가서 사업자등록증을 해야 한다. 그런데 신기한 점은 출판은 '면세'라는 점. 면세이기 때문에 세금계산서를 발급할 때 홈택스에서 세금이 빠진 전자계산서를 끊으면 된다. 처음에는 면세라는 게 참 고맙게 생각됐는데 나중에 출판사를 운영하면서 드는 생각은 당연히 면세여야 한다는 생각이 들었다. 물론 개인적인 생각이지만 말이다.

세무서에 가서 사업자등록을 하는 방법은 어렵지 않다. 출판사와 사업자등록증이 어색한 조합이라고 생각할 수 있는데, 사업자등록을 해야 서점과 거래하거나 물건을 구매할 때 내가 책을 구입한 비용에 대한 입증을 할 수 있다.

사업자등록증을 만들 때도 구청에 냈던 서류(신분증, 도장, 임대차계약서)가 필요하다. 그리고 등록할 때

업태는 정보통신업, 종목은 일반 서적 출판업이라고
적으면 된다.

* 순서를 정리하면 다음과 같다.

　　1. 구청에 가기 전, 출판사 이름 정하기

　　　　(출판사 인쇄사 검색시스템을 통해)

　　2. 관할 구청에 문화 관광과 가기 (물론 지역에 따라 '과'는 약간의 차이

　　가 있다) - 출판사 신고에 필요한 서류 작성

　　3. 신고증 나왔다는 문자 오면 구청에 받으러 가기 - 신분증 + 면허세

　　납부하기

　　4. 관할 세무서 민원 상담실 가기 - 출판사 사업자 등록하기

　　이렇게 해서 나는 학생, 작가, 아줌마에서 출판사 대
표가 되었다.

6. 작가와 편집자의 관계

_ 우리 같은 편인 거 아시죠?

남의 책을 편집하다 보면 늘 아쉬운 게 아무리 잘하려고 해도 내가 책의 저자가 아니기 때문에 그 마음과 생각에 도달하기까지 너무 많은 시간이 필요하다. 그래서 여유가 있다면 작가와 자주 만나서 책에 대한 이야기를 나누면 좋다. 책은 사람이 만들기 때문이다.

편집의 기술이라는 것도 다른 게 아니다. 독자로 하여금 책이 더 잘 읽히고 편히 읽히고 쉽게 읽힐 수 있도록 하는 작업이다. 이것을 윤문(潤文)이라 한다. 맞춤법은 교정의 기본이고 전공자가 아니라고 해도 공부하고 외우면 얼마든지 할 수 있는 일이지만 정말 어려운 일이 퇴고이다.

글을 쓴 저자처럼, 혹은 저자를 넘어 여러 번 생각하고 글을 다듬어야 한다. 작가에 따라 맞춤법 정도로만 끝나기를 바라는 사람도 있지만 전문가의 글이 아닌 이상 교정을 하지 않을 수 없다.

나의 경우는 작가들에게 원고를 받고 출판사가 교정을 할 수밖에 없다는 점에 대해 양해를 구한다. 그리고 고유한 표현으로 쓰이는 경우를 제외하고는 고칠 수 있음을 말한다. 그러면 실제로 알겠다고 말한 작가라고 할지라도 어떤 작가는 엄청나게 고마워하기도 하고, 어떤 작가는 내색을 하지 않지만 싫어하는 일도 있다.

큰 출판사라고 한다면 조심스럽게 문의를 할 수도 있겠지만 작은 출판사의 만만함은 문턱이 낮다는 데 있다. 왜 이 문장을 이렇게 바꿨는지 궁금하면 바로 전화를 걸어 통화할 수 있다. 오해하지 않고 돌려 말하지 않아도 된다. 그러나 대개 글을 읽어보면 원래 글보다 훨씬 낫다는 걸 작가도 안다. 그래서 이런 전화를 받은 적은 별로 없다.

책을 내기로 하고 작가에게 글을 받으면 그때부터 본격적인 출판사의 일은 시작된다. 가장 중요한 교정,

교열부터 시작. 우선 글을 전체 읽으며 글의 흐름에 따라 이 글이 무엇을 말하고 있는지를 따라간다. 그리고 두 번째 글을 다시 읽으며 이번에는 무엇이 부족한지, 어떤 문장이 과한지를 생각하며 잘라내고 다듬기 시작한다.

그리고 세 번째로 글을 읽을 때는 맞춤법 검사를 한다. 맞춤법 검사는 기본적으로 한컴오피스에 있는 맞춤법 검사를 한다. 그리고 내가 자주 사용하는 것은 부산대 한국어 맞춤법/문법 검사기(https://speller.cs.pusan.ac.kr/)이다. 한컴오피스에 잡지 못한 것을 부산대 맞춤법검사기에서 고치고, 마지막으로 국문학을 전공한 사람에게 원고를 주고 틀린 문법이 있는지를 묻는다. 이 과정만 해도 작게는 네 번의 과정을 거친다.

아무리 짧은 원고라고 해도 A4 크기 10포인트로 100장을 보는 데 걸리는 시간은 일주일, 그렇게 네 번의 과정을 거치면 적게는 한 달이라는 시간이 걸린다. 그리고 이 과정을 한 사람만 하는 것이 아니라 두세 사람이 같이 달려들어 보고 또 본다.

그런데 참 신기한 점은 이렇게 집중하고 알뜰살뜰히

살폈는데도 출판하고 나면 꼭 오타가 있다. 정말 열 받지만 너무 많은 글씨를 보면 나중에는 흰색과 검정만 보일 만큼 내가 읽고 싶은 대로 책을 읽게 되기 때문이 아닐까 싶다. 그래서 오타가 있음을 인정하고 내 실력을 한탄한다.

그래서 크로스 체크(cross-check)가 중요하다. 한 권을 가지고 서로 돌려 읽으며 대조하며 보는 방식인데 이렇게 해도 발견되지 않을 때가 있으니, 할 말이 없다.

하지만 이런 긴 과정을 통해 만들어진 책이라고 한다면 글을 고생스럽게 쓴 작가만이 아니라 출판사 사람들에게도 고마운 마음이 생기는 건 당연하다. 서로 입장이 다르다고 해도 같은 목적을 가지고 있다.

나는 작가를 대할 때 항상 이런 마음으로 대한다. 그리고 오해가 생길 때도 먼저 웃으며 말을 건넨다. "작가님, 우리 같은 편인 거 아시죠?"

작가의 뻔한 오해지만 많은 사람이 하는 오해는 '누가 내 글을 고쳐?' 하는 식의 사고에서 비롯된다. 말은 이렇게 하지 않지만 힘들게 생각하고 쓴 글일수록 생각은 완고하다. 그것도 맞는 말인 것이 한 단어, 한 표현, 하나의 동사를 선택하기 위해 작가의 성격 따라 여러 번 생각하고 꼼꼼하게 글을 쓴 사람은 이런 부분이 인정받지 못한 것 같기도 하고 자기를 무시한 것 같다고 느낀다.

그래서 편집한 사람은 편집한 사람대로 글을 여러 차례 읽고 다듬는 수고를 했음에도 인정받거나 고마움을 받지 못해 서운할 수 있다. 이렇게 되면 작가와 편집인 사이의 균열이 생긴다. 책이 독자들에게 선보이기도 전에 우리 사이에 갈등이 생긴다.

내가 생각할 때 이런 문제는 매우 실질적인 문제로, 출판사를 운영해보면 알게 되겠지만 어쨌든 마음이 상한 편이 한쪽이라도 있으면 그 책은 잘 될 수 없다. 어렵지만 갈등의 골을 좁히고 관점을 하나로 맞추는 게 좋다. 제일 중요한 것은 한마음이다.

괜찮은 작가라고 생각했는데 편집과정에서 고집스럽게 자기주장을 하면 실망스럽다. 하지만 편집인도 작가의 글을 고칠 때는 고치고자 하는 마음보다는 작가를 이해하고 그 관점에서 다시 한번 생각하는 마음 씀씀이가 필요하다. 그것이 서로가 잘 되는 길이다.

그래서 작가와 편집자의 관계는 첫째는 글에 대한 기본적인 예의가 있는 사람이어야 할 뿐 아니라 편집인도 작가의 경험이 있는 사람이 좋고, 작가도 편집을 알아야 서로가 존중할 수 있게 된다. 가장 좋은 글은 자기가 편집했음에도 자꾸 읽어보고 싶은 글, 자기가 출판하고도 자신 있게 이 책이 참 좋다고 말할 수 있는 그런 책이라 생각한다.

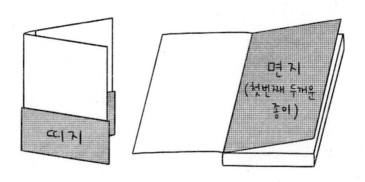

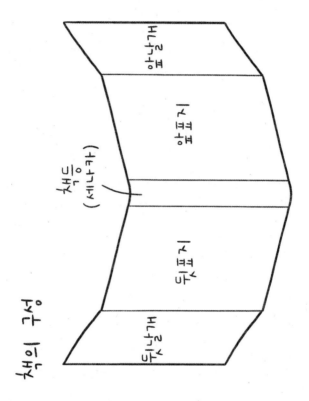

척추의 굴성

상부요추

요추부

흉추부 (제1요추)

상부흉추

하부요추

7. 편집자의 삶

　작가가 글을 출판사에 보내면 그다음부터 편집자는 바쁘다. 편집자의 삶은 항상 쳇바퀴를 돌리는 듯 봐야 할 글이 있고 글에 둘러싸여 있다. 다람쥐와 다른 게 있다면 다람쥐가 돌리는 쳇바퀴는 제자리이지만 편집자가 돌리는 쳇바퀴는 앞으로 조금씩 간다는 것.

　편집하다 보면 욕심이 생긴다. 작가는 왜 이 말을 여기에 썼을까? 이 말을 다른 표현으로 고쳐도 될까? 과감하게 고칠 수 있는 편집자가 있지만 어떤 글은 작가의 고유한 표현이라 여겨져 최소한의 다듬기를 할 때도 있다.

　거친 가위질은 편하지만
　손을 다칠 수 있다.

조심스러운 가위질은 다치지 않지만
가위질에 들어가는 손아귀 힘은 더 필요하다.

글쓰기란 가위질과 비슷하다. 작가가 쓴 글을 가지고 어떤 모양으로 디자인해야 할지를 생각한다. 그래서 편집인과 작가는 같은 편, 다른 모양이다. 좋은 편집인을 만난다는 건 작가에게 축복이다.

나도 글을 쓸 때 좋은 편집인을 만나길 기도한다. 내 마음, 내 의도를 잘 이해해주고 더 나은 표현으로 고쳐줄 수 있는 그런 능력이 있는 사람을 기대한다. 이런 여러 고민으로 편집인은 밥을 제때 먹을 수 없다. 조금만 더 보고 밥을 먹어야지 했다가도 시간을 놓치기 빈번하고 신경을 많이 쓴 탓에 밥을 차려 먹고 싶은 입맛을 잃는다. 글을 얻고 밥맛을 잃는다. 그래도 그거면 족한 일. 마음에 들지 않으면 짜증도 덤으로 받는다.

편집 인생 3년 차다. 서투르고 어색하지만 그래도 여기까지 온 게 참 대견스럽다. 커피 믹스에도 자족할 줄 알고 끼니를 건너 뛰어도 배가 아프지 않으니 감사하다. TV에 나온 편집인들처럼 츄리닝에 슬리퍼를 찍찍 끌고 다니고 싶다가도 고현정 같은 우아한 작가를 생각하며 옷을 차려입는 날도 있다. 아참, 안경을 새로 바꿨다. 시력이 나빠져서.

8. 가끔은 억울한 일

_ 편집자의 공로는 어디까지인가?

    편집자는 작가가 쓴 글을 잘 편집해서 독자들이 잘 읽을 수 있도록 돕는 공로자다. 연예인이 있다고 한다면 그를 위해 운전하거나 메이크업을 도와주는 매니저라고 해야 할까? 그런데 간혹 고민에 빠질 때가 있다. 나훈아가 작가라고 한다면 나훈아를 위해 무대 세팅하고 고생한 스탭인 내가 보람을 느끼지 못하는 날도 많기 때문이다.

    그래서 가끔 편집자들을 만나면 이런 질문을 던진다.

    "이렇게 고쳐줬는데 작가가 고맙다고 하나요?"

편집을 하다 보면 어떤 작가는 자신의 글이 이렇게 멋지게 탄생한 것에 대해 기뻐하고 감사하며 편집자들에게 그 공을 나눈다. 하지만 대부분의 작가들은 자기가 다 잘 써서 나온 글이라 생각하는 듯하다. 어떻게 아냐고? 척 보면 압니다!

작가는 자기 글이라고 주장하고 작가의 처음 글을 가지고 있는 편집자로서는 이게 이렇게 멋진 글이 되게 한 것은 내 공로가 크다고 외치고 싶어 한다. 마치 임금님 귀는 당나귀 귀였어, 라고 말이다. 이렇게 일이 틀어지면 안 되기에, 편집자나 작가나 기본적인 상식, 예의가 있어야 한다고 누누이 말하는 것이다.

편집자는 고치기는 쉽지만 쓰기는 쉽지 않다는 작가의 고충을 이해해야 할 것이고, 작가는 자신의 글을 자신만큼이나 잘되기를 바라는 마음에서 고쳐준 사람들의 노고를 헤아려 줄 수 있어야 한다. 그래야 서로 보람되고 감사한 마음으로 잘되기를 빌어줄 수 있다.

그러나 이것보다 더 나은 방법이 있다. 작가가 완성도 높은 글을 쓰면 된다. 가수가 노래를 잘해야 가수인 것처럼 글쟁이는 글로써 말해야 한다. 그래야 편집자 앞에서 권위가 선다.

그런데 실력이 부족하거나 처음이어서 어떻게 해야할지 모르겠다고 한다면, 출판사에 보낸 원본 파일과 나중에 편집으로 준 파일을 가지고 비교하면서 공부하면 된다. 그래야 무엇이 어떻게 달라졌고 어떤 표현을 썼는지 알 수 있다. 따지려고 하는 게 아니라 자기 공부를 위한 글쓰기 방법이다. 몰라서 틀리고, 알아야 잘 쓸 수 있다.

편집자도 마찬가지다. 완성도가 낮은 글을 붙잡고 씨름할 필요가 없다. 너무 고칠 게 많아 편집자가 다시 썼다고 할 글은 처음부터 맡지 않는 게 낫다. 그런 글은 경험상 작가에게 다시 돌려보내야 한다. 너무 많이 고친 글은 작가의 글인지, 편집자의 글인지 헷갈린다. 편집자가 너무 수고해서 생색나는 것보다는 덜 수고해서 작가를 좋게 생각하는 편이 낫다. 이것도 경험상!

9. 출판사는 동종업계만 차리는 게 아니다

출판 일을 시작하면서 새롭게 알게 된 사실은 의외로 출판사를 내는 사람들은 동종업계 사람들보다는 나처럼 아무것도 모르는 사람, 그리고 출판사에 재직한 경험을 가진 사람이 별로, 아니 거의 없다는 것이다. 그런데 더 중요한 질문이 남아있다. 그래서 어떤 사람이 더 잘하냐고 하냐면 그 대답은 복불복(福不福)이다.

출판사에 재직했던 사람은 편집부에서 일했던 사람들이 도전하는 경우가 왕왕 있다. 책에 대한 판매 경험이나 마케팅 기술이 있다기보다는 책 안에서 살았던 사람들이라 이제는 자기가 쓴 책을 내기 위해 출판사를 하는 경우가 있고, 아니면 여러 개인적인 이유로 자기가 이제는 출판사를 내어 좋은 책을 만들고 싶은 이유가 있다.

어떤 대표들은 편집부에서 일한 경험을 가지고 있다. 그런데 이들도 마케팅이나 회계, 영업 등에 대해 잘 아는 것은 아니기 때문에 아예 모르는 사람보다는 수월하다는 이점이 있겠지만 편집의 한 영역만 알고 있어서 다른 사람과 별반 차이가 나지 않는다.

혹은 마케팅이나 영업에 있다가 출판사를 내는 사람들도 있는데 이들도 책을 만드는 과정이나 편집 등에 대해서는 잘 모르기 때문에 자기가 출판사를 내더라도 실제로는 외주 등의 다른 사람의 도움이 절실하게 필요하다.

마케팅을 오랫동안 해 온 출판사 출신의 사장님은 오랫동안 출판사에 있었던 경험이 오히려 자신에게 두려움을 안겨준다고 했다. 책이라는 것을 어떻게 기획하고 판매할 수 있을지는 알고 있지만 막상 1인 출판사 사장이 되니깐 이 모든 과정을 혼자 감당하는 게 겁이 난다는 것이다. 영업과 마케팅은 외부로 많이 나가는 일이라고 한다면 1인 출판사를 운영하게 되면 나갈 시간보다 앉아 있어야 할 시간이 더 많아지니깐 힘들다는 것이다.

또한 독립출판과 다르게 1인 출판사를 차리는 사람들은 나이가 어린 사람보다는 어느 정도의 중년인 경우가 많다. 간절함은 청년 못지않지만 두려움, 겁남, 도전과 같은 것보다는 평온함, 안주함, 유지 등을 더 좋아하는 나이다. 더 이상 실패하면 안 될 것 같은 나이에 새로운 것을 시작하니 속도가 느리다. 나 또한 그들의 두려움이 무엇인지 이해한다. 좋게 말해 신중함이지만 말이다.

나도 출판사와 상관없는 사람이었다. 실제로 내가 아는 지식은 책을 만드는 지식이 아니고 글을 써 본 경험이 있을 뿐이었다. 그것도 어디냐고 할 수 있겠지만 그땐 너무 어렸고 모르는 게 많았다. 그래서 나는 종종 과거 내 책을 만들어준 출판사에 고마운 마음을 가지고 있다.

당시 나는 글도 편하게 쓰는 사람이 아니라 내가 제일 어려운 일을 맡았다고 생각했다. 글 쓰는 작업이 내 영혼을 맷돌로 갈아엎어 한 톨이라도 돌려질 만큼 다 쏟아내야 하는 고된 작업인지라 나는 이게 전부라고 생각했다.

하지만 이것은 나의 착각일 뿐. 책을 만드는 과정에

서 기초재료가 중요한 것이 재료가 차지하는 비중이 높다는 것이지 전부가 아니라는 걸 알게 되는 건 출판사를 시작하면서부터다. 그래서 나는 출판사를 시작하면서 작가가 어떤 마음인지를 이해하기에 작가가 궁금해하는 부분을 먼저 설명해준다. 기회가 된다면 출판사 대표들이 글을 쓰면 좋겠다. 엄청 겸손해지리라.

사람마다 차이가 있겠지만 나는 무언가 궁금할 때 책을 먼저 읽는다. 출판사를 준비할 때도 10권 정도의 책을 읽었던 것 같다. 그중의 몇 권을 소개한다.

---

* 내 작은 출판사를 소개합니다 (최수진/ 세나북스/ 2020)

나는 이 책을 세나북스 대표님에게 선물 받아 다섯 번 정도는 읽었던 것 같다. 읽다가 이해되지 않는 게 있으면 바로 물어보면서 내가 어떻게 출판사를 운영할지에 대한 밑그림을 그릴 수 있었다.

* 작은 출판사 차리는 법 (이현화/ 유유/ 2020)

혜화1117의 출판사 대표가 쓴 책이다. 이 책은 처음 출판사를 시작할 때 한 달에 200만 원을 버는 걸 목표로 삼았다. 그때 나는 150만 원이 목표였다. 나랑 가장 비슷한 재정으로 출판사를 시작했고, 그래서 나는 이 정도만 해도 좋겠다는 목표로 삼았던 책이다. 다만 대표님은 출판사에서 일한 경험이 있고 나는 없는 그 정도. 그게 매우 큰 차이가 되지만 말이다.

* 새로 쓰는 출판 창업 (한기호/ 한국출판마케팅연구소/ 2021)

이 책은 출판에 대한 방법이 아닌 출판 창업자의 정신, 자세 등에 대한 기본서라고 할 수 있다. 어떤 출판사가 오래 버티는지, 창업에 성공하려면 필요한 것이 무엇인지를 설명하고 있다. 이 책을 읽다 보면 출판사를 차리는 것보다 더 중요한 게 무엇인지 배울 수 있다. 출판사를 차리지 않는 게 좋겠다는 생각도 들지만 희한하게 해 보고 싶은 마음도 생긴다.

* 팔리는 책쓰기 망하는 책쓰기 (장치혁/ 서사원/ 2021)

11권의 책을 직접 쓰고 기획해서 베스트셀러가 되었다고 한다. 승률 100%라고 자부하는 작가의 경력이 얄밉기는 했지만 글쓰기에 가장 큰 도움을 받았던 책이라 할 수 있다. 출판을 하는 사람이 의외로 글쓰기와 무슨 상관이 있냐고 생각할 수 있는데, 좋은 글이 들어와야 베스트셀러가 되는 건 당연하다. 출판사를 차려보면 알겠지만 의외로 작가들에게 글을 수정해 달라고 요청할 때 출판사 대표가 글쓰기에 대한 경험이 없다면 엄청 어려운 일이 될 것이다.

* 일본 1인 출판사가 일하는 방식 (니시야마 마사코/ 유유 / 2017)

이 책은 대표 10인의 이야기를 편집자 출신의 저자가 취재하여 쓴 글이다. 10명의 대표들의 이야기가 다 도움이 된 건 아니었다. 괜히 읽었다 싶을 때 한 가지 결론만큼은 분명히 배웠다. 출판은 가내공업이라는 점. 멋진 줄만 알았는데 해야 할 게 너무 많다는 건 일본이나 한국이나 비슷했다.

* 이것은 작은 브랜드를 위한 책 (이근상/ 몽스북/ 2022)

출판과 관련된 책은 아니지만 '작은' 출판사를 시작하는 사람들에게 구체적인 용기를 북돋워 준다. 왜 작은 브랜드여야 하는지 30년 넘게 큰 브랜드를 위한 마케터가 해 주는 조언이니 귀담아들을 충분한 가치가 있다고 생각한다. 출판사에 관한 책은 아니지만 출판사 대표로서 책을 만드는 자의 원칙, 소신을 어떻게 마케팅과 연결할 수 있을지에 대한 영감을 준다.

10. 파주에 있는 인쇄소를 방문하다

출판사를 만들고 틈틈이 아침 운동을 하듯 인터넷 카페를 찾았다. 내가 출판사를 시작할 때가 코로나가 시작될 때라 모든 것을 인터넷으로 배워야 했다. 하긴 내가 코로나 시국에 출판사를 열었다고 할 때 어떤 사람은 기가 찬다는 듯이 혀를 내둘렀다. 나를 아끼는 사람들의 당연한 반응이라고 할 수 있다.

많은 사람이 돈이 얼마나 있냐고 물었다. 어떤 사람은 왜 이런 시국에 창업하냐고 물었다. 다 맞는 말이다. 출판사를 시작하겠다는 법적인 제도는 끝이 났는데 정작 원고를 편집하고 난 뒤에 인쇄를 돌리고 판매하고 홍보를 해야 하는 방법은 하나도 몰랐으니 말이다.

그때 네이버 책공장에서 만난 세나북스 대표가 자

신이 거래하고 있는 인쇄소에 같이 가자고 했다. 누군
가의 호의가 겁이 났다. 혹시라도 이 사람 나쁜 사람
아닐까? 왜 굳이 자기가 가는 거래처를 나에게 알려준
다는 걸까? 함께 가자고 한 출판사의 이름을 검색하고
출판사에서 발행한 책들의 목록을 봤다. 30권이 훌쩍
넘게 발행한 나에게는 중견 출판사로 보이는 큰 출판
사였다. 됐다! 그래도 마음 한편으로는 의심을 거둘 수
없어 남편에게 연락처를 넘기며 내가 몇 시까지 오지
않으면 어떻게(?) 하라고 말해주고 그를 만났다.

네이버 책공장(https://cafe.naver.com/
bookfactory) 카페에 가입했다. 해외여행을 가기 위해
정보를 입수하기 위해 가입한 카페 말고 내가 모르는
카페에 무작정 가입한 것은 이번이 처음이었다. 나처럼
신출내기부터 오래된 고참까지 출판에 관련한 많은 사
람이 가입한 카페였다. 거기서 정보를 읽고 배웠고 하
소연도 할 때도, 궁금한 걸 물어보기도 했다.

처음으로 만난 출판사 대표들. 그는 자기가 거래하
는 인쇄소에 나를 데리고 갔다. 그리고 그곳에는 나 말
고도 나와 비스므레한 초짜 출판사 대표들이 모여 있
었다. 이제야 안심이 됐다. 출판사를 시작하며 처음으
로 받은 호의였다. 대가없이 가르쳐주는 게 사실 더 무

서웠다. 내가 사는 세상이 그런 걸까, 내가 경험한 세계가 그런 걸까? 사람은 상대를 이해할 때 자기의 경험에서 벗어나기가 쉽지 않다.

갑자기 처음 해외여행을 갔을 때가 생각났다. 그저 대한민국 땅만 아니면 좋겠다는 생각에 생애 처음으로 캄보디아를 갔다. 곧 후회하기는 했지만 후회는 여행지에서 머문 시간의 절반을 쇼핑센터에서 보낸 후였다. 눈치 아닌 눈치를 받으며 노니, 라텍스, 커피, 오일 등을 구매할 것을 종용받았는데 그때 참 불편했다. 갑자기 모르는 사람의 친절을 받을 생각 하니 이때가 자연스럽게 떠올랐다.

태어나서 처음으로 인쇄소에 갔다. 표지를 만들 때 어떤 종이를 사용하는지, 종이에 따라 어떤 것이 달라지는지, 가끔 책 표지에 울퉁불퉁 나왔던 것을 엠보싱이라고 하며, 금박을 붙이면 어떻게 되는지 등을 눈으로 봤다. 의심은 날아가고 책들이 자동 시스템에 의해 인쇄되는 것을 보면서 가슴이 뛰었다. 오고 가는 차 안에서 선배 출판사 대표님에게 아무에게도 물어보지 못했던 초짜 질문들을 쏟아내기 시작했다.

어떻게 하다가 출판사를 운영하게 되었나요?

책은 어떻게 만드나요?

작가는 어떻게 만나요?

디자인은 누가 하나요?

무슨 프로그램을 써야 하나요? 한글은 안 될까요?

돈은 벌 수 있나요?

출판사를 시작하려면 무엇을 준비하면 될까요?

제일 어려운 점이 뭐였나요?

출판 순서가 궁금해요.

보도자료는 어떻게 작성하나요?

책 소개 이미지는 누가 만들어요?

홍보용으로 몇 권 사용하세요?

...

궁금한 게 많았다는 건 그만큼 두려움이 컸다는 건지도 모른다. 두려울 때 질문하자. 그리고 이랬던 나도 이제는 1인 출판사 운영에 대한 강의를 할 수 있을 정도가 되었다.

* 학생에서 작가, 출판사 대표까지
내일부터 출판사 어때?

[강의 주제]

1~4주차 책쓰기 특강

· 글쓰기를 위한 주제를 정하는 방법

· 독자를 생각하는 글쓰기와 내가 원하는 글쓰기의 차이

· 출간을 위한 전체 과정 이해하고 작가의 영역에 대해 생각하기

· 출판사에 마음에 드는 출간기획서 작성법

5~8주차 출판사 창업 및 마케팅 특강

· 출판사를 신고하는 구체적인 방법

· 망하는 출판사 vs 흥하는 출판사

· 작가 만나는 방법과 매일 글쓰기의 중요성

· 기획하는 책과 글을 편집할 때 주의할 점

· 디자인과 판매, 보도자료 작성의 실제

11. 한국에 사는 **여자, 아줌마, 엄마**가 오래 일할 수 있는 일

출판사 협회에서 나온 책에 어느 귀퉁이에서 읽은 기억이 나는데 1인 출판사라고 해도 초기 자본이 5천만 원 정도는 필요하다고 했다. 이 말을 듣고 또 깜짝 놀랐다. 하긴 내가 선배님으로 모시는 한 출판사도 자신이 일한 십 년간의 퇴직금을 책 만드는데 다 쏟았다는 얘기를 한 적이 있었다.

그런데 어쩌지? 난 정말 돈이 하나도 없었다. 학교만 다닌 지 12년째. 남편도 박사 과정생이다. 한때 우리 부부가 낸 한 학기 등록금은 천만 원 정도였다. 대한민국이라는 좋은 나라에서 태어난 탓에 국가장학금으로 대출을 받아 학교에 다녔기에 지금도 대출을 갚고 있다. 남편과 내가 학교를 오래 다녔다고 구구절절하게 설명하는 이유는 돈이 없다는 걸 고상하게 강조하기 위해서인지 모른다. 그 나이 먹도록 뭐 했냐고 묻는 사람에게 허랑방탕하게 산 건 아니었다는 말 정도를 남기기 위해서다.

　그래도 출판사를 열었다. 출판사를 여는 건 수수료 2만 얼마면 되니깐 어려운 게 아니다. 하지만 출판사를 열었다는 건 뭔가 뜻이 있다는 것이고 자기가 쓴 책만 내려고 출판사를 연 건 아닐 테다. 물론 그런 사람도 있다. 그래서 내 생각에는 1인 출판사는 혼자서 운영하는 출판사라는 말도 맞고 내 책을 내기 위해 여는 출판사로 혼용해 사용하는 것도 같다. 그래도 나는 이왕이면 내 책도 내고 다른 사람의 책도 낼 수 있는 기여하는 출판사가 되면 좋겠다고 생각했다.

　암튼 돈이 없는 내가 어떻게 출판사를 열었냐고? 열었다. 이제 그 이야기를 하기 전에 약간의 넋두리 비슷한 게 필요하다. 한 사람이라도 힘을 낼 수 있을지 모르니깐. 나는 운전도 할 줄 모르고 당연히 차도 없고 여자다. 대한민국에서 '여자', '고학력', '아줌마', '엄마'이다. 이 몇 단어가 여러분에게는 어떤 느낌으로 다가올지 모르겠지만 나에게는 그다지 도움이 되지 않는 해시태그 같은 것들이었다.

그런데 출판사를 차리고 대표들과 가끔 차를 마시면 여성들이 보인다. 나는 이게 재밌었다. 꼼꼼하고 세심하기를 바라는 특성에 적합해서 그런 것인지, 아니면 국문학 전공에 여성 비율이 높아서 그런 건지는 몰라도 여성 대표들이 있는 게 마냥 신기하다. 하지만 뭐, 협회 이런 데를 보면 또 남자다. 남성이 문제가 있다는 말이 아니라 남성만 있다는 게 내 눈길을 끈다. 암튼 나는 이왕 출판사를 낸 김에 여성들에게, 혹은 가정에서 경력단절로 숨어있는(hidden) 아줌마들을 향해 손 내미는 일을 하고 싶어졌다. 내 뒤를 따르라!

12. 돈이 많으면 잘될까?

　돈이 주는 든든함은 분명하다. 나도 그 맛을 안다. 지갑에 돈이 어느 정도 있어야 사람을 만나도 겁이 나지 않는다. 밥을 사야 할 때 머뭇거리지 않을 정도면 좋겠다는 생각을 한다. 출판사를 차리고 만나자는 사람도 많고 이리저리 나가는 돈이 많다. 이런 돈을 접대비라고 해야 할까? 나는 접대비가 아닌 '교육비'라 명명해본다. 출판사를 차리는데 필요한 교육비로 사람들을 만나며 배우는데 쓰는 돈이니 접대비가 아니라 교육비가 맞다.

　출판사 초기 자본은 얼마면 좋을까? 어떤 책에 보니 작게는 5백만 원이요, 어느 정도는 3천만 원 정도라고 했다. 책을 읽을 때마다 주눅 드는 것은 앞서 이야기한 것처럼 나에게는 그만한 돈이 없다. 이제부터 돈을 모으면 되지 않겠냐고 하기에는 나이가 너무 많다. 돈은 없지만 그래도 내가 가진 것이라고는 부지런함, 열심, 금방 친해짐, 시력 좋음, 글을 읽고 해독할 수 있는 정도의 문해력이 장점이라고 해도, 인쇄비는 돈으로 내야 하니깐.

우선, 가장 가까운 사람들에게 말했다. 가장 가까운 사람, 가족, 친구, 동료들 순으로.

"저, 출판사 시작하려고요."

출판사가 무엇을 하는지 나처럼 모르는 가족들은 뭐라도 한다고 하니 좋아했다. 남 밑에서 일하는 것보다 작은 거라도 내가 대표로 하는 게 좋다고 생각하는 듯했다. 이제 돈을 구하기 위해 은행에 가서 대출을 알아봤다. 별로 안 나온다.

그리고 주위 사람들에게도 내가 책을 출판할 거라고 말했다. 며칠 뒤 스티브가 이런 제안을 했다. "제가 돈을 빌려드릴 테니 일주일에 3번 운동하는 걸 약속해 주세요. 이자는 없고 10년 뒤 갚으시는 조건으로요." 나는 그에게 천만 원을 빌려 출판사 씨앗 자금으로 사용했다.

13. 디자인 외주를 주면 생기는 일

책 교정과 편집은 어느 정도 익숙한데 책 디자인은 전혀 알 수 없었다. 디자인을 모를 때는 한글 파일로 디자인비를 계산하는 줄 알았는데 그렇지 않았다. 한글 파일로 원고를 최종 정리하고, 디자이너에게 넘기면 인디자인의 페이지별로 디자인비가 책정된다. 그러니 책정된 금액을 알 수 없고 디자인에 따라 달라지니 돈이 부족한 나로서는 불안하기만 했다.

그리고 내가 처음 이용한 업체는 온라인으로 구매하고, 메시지를 주고받다 보니 실제로는 디자이너에게 전화하거나 정보를 알기 어려웠다. 이것도 큰 어려움이었다.

또한 디자이너와 작업할 때 그들이 올린 포트폴리오

를 보면서 컨셉을 생각하는데, 어떤 경우에는 포트폴리오가 디자이너가 작업하지 않은 것 같은 합리적 의심이 들기도 했다. 그래서 나는 디자이너에게 의뢰하기 전에 미리 이 책이 어떤 성격인지를 설명할 내용과 내가 원하는 디자인의 컨셉을 세 개 정도 골라 둔다.

그렇게 어렵게 디자이너와 작업을 시작해도 어떤 경우는 그림이 마음에 들지 않아 디자인비만 주고 사용하지 못하는 일도 있었다. 그리고 온라인 업체와 할 때는 디자이너와 연락이 닿지 않아 급한 데 발만 동동 구른 적도 있었다. 엎친 데 덮친 격으로 작가들이 문장을 바꾸거나 새롭게 무언가를 요청하면 비용이 추가됐다.

아무것도 모르고 시작한 탓에 디자인 때문에 고생을 많이 했었다. 그런데 나보다 더 모르는 작가들은 디자인 전에 완성된 원고를 주었음에도 또 고치겠다고 달려들었다. 정말, 출판사를 열고 최대 난관이었다.

그래서 어떻게 했냐면? 우선 우여곡절 속에 3권은 그렇게 외주 디자이너, 특히 얼굴을 알지 못하고 정보를 알지 못하는 디자이너에게 많은 것을 배우며 책을 만들었고, 뒤늦게 나는 학원을 등록했다. 인디자인도 활용에 따라 많은 부분이 달라져 학원에서 배운 것도 편집하는 데는 별 도움이 되지 못했다.

　오히려 나는 아래의 책 3권을 보면서 많은 도움을 받았다. 지금도 일러와 포토샵을 할지 모른다. 그래도 어느 정도 디자인에 참여할 정도는 되었다.

[독학을 가능하게 해 준 디자인 참고 도서]

　* 인디자인 (김복래/ 성심북스/ 2012)
　　이제는 이 책을 구할 수 없어 중고로 샀는데, 제일 잘 산 책이다. 이 책은 버전에 상관없이 인디자인에 대한 기본적인 내용들을 모두 담고 있다. 작은 책인데 만약 한 권만 꼽으라고 한다면 나는 이 책을 꼽고 싶다. 많이 도움을 받았고 혼자 읽으며 하기에 충분하다.

　* 인디자인CC 책 한 권 뚝딱 만들기 (박영희/ 봄날에/ 2019)
　　이 책을 사면 템플릿 53개를 준다고 해서 샀는데 나는 늘 이 책을 펴며 작업한다. 나에게 인디자인 선생님이 있다면 이 책이 바로 그렇다고 할 수 있다. 모든 질문들을 거의 담고 있어서 좋은데, 장르마다 책을 만들다 보니 중복되는 내용이 좀 귀찮고 조금 더 친절하게 기록되면 좋겠다는 아쉬움이 따른다.

* 편집 디자인 강의 with 인디자인 (황지완, 한빛미디어, 2020)

내가 이 책을 선택한 가장 결정적인 이유는 다른 책과 다르게 책의 맨 앞부분에 샘플지를 제공하고 있어서다. 책을 만들다 보면 좀 더 이쁘고, 특별하게 만들어 보고 싶다는 열망을 갖게 되는데 이것을 '후가공'이라 한다.

그런데 후가공에도 다양한 형태가 있고 부르는 용어들이 있기에 이 책에서 제공한 금박, 은박, 에폭시 등을 잘 이해하다가 접목해 볼 수 있다. 물론 생각보다 비용이 많이 늘어나 하지 못할 때도 있지만 그래도 용지나 후가공에 대한 정보와 더불어 인디자인에 대한 작업을 모두 만족시키기 원하는 자들에게는 적합한 책이라 할 수 있다. 편집 디자인 샘플도 몇 가지 제공하는데 다른 책에 비해서는 많지 않아 그점은 아쉽다.

그렇게 심한 맘고생을 겪은 후 선배 출판사 대표님에게 찾아가 물어봤다. 디자인 작업을 하면서 너무 마음고생이 심했다고 말하면서 디자이너에게 돈은 돈대로 나가고 얼마나 줘야 적정한지, 그리고 어떻게 이런 문제를 해결해야 할지 지혜를 구했다.

나처럼 디자인할 줄 모르는 출판사 대표들은 디자인 비용으로 상당한 지출을 하기 마련이다. 책을 출판하려면 제일 처음으로 많이 나가는 비용이 인쇄비, 그

리고 디자인비이다. 그다음에는 편집비, 그리고 마케팅
비, 보관료, 유통비 등이라 할 수 있다.

또한 보통 1쇄에 1천 권을 찍는다. 그런데 여기에 종
이를 어떤 종이로 쓰고, 크기가 어떤지, 색은 컬러인지
흑백인지, 아니면 섞는지에 따라 비용이 달라진다. 종
잇값도 자꾸 비싸져서 책값을 올려야 하는데 독자들
의 입장과 출판사의 생각이 다르니 그대로 반영해 올
릴 수는 없다. 그래서 울상이다. 1인 출판사를 하면서
누가 돈을 버나, 생각해봤더니 프리랜서로 일하는 디
자이너 혹은 인쇄소, 총판업체, 대형서점이다. 물론 어
디까지나 내 입장이다.

어쨌든 1인 출판사가 경비를 아끼기 위해서 할 수 있
는 일은 별로 없다. 종잇값을 줄일 수 없고 디자인비를
좀 줄이려면 편집 프로그램을 배울 수 밖에 없다. 그리
고 책을 팔고 돈이 들어오려면 시간이 걸린다. 그러니
마이너스로 시작해서 줄이고 줄여야 그나마 버틸 희
망을 찾을 수 있다.

14. 저자는 어떻게 구하나요?

　출판사를 열기로 하고 책을 낼 수 있을 법한 사람을 생각했다. 우선 휴대폰에 있는 주소록을 훑어봤다. 책을 좋아하는 사람이 아닌 책을 낼 만한 사람을 찾았다. 그다지 많지 않았다. 물론 책을 낼 법한 사람들은 내 주소록에도 있었다. 대표적인 사람은 강원국 작가님. 이스라엘 순례 여행을 갈 때 얼떨결에 뵌 분이었는데 이렇게 유명한 사람인 줄 그때는 몰랐었다. 더 친해질 걸, 몰라 뵈서 아쉬웠다.

　그런데 우연히 교보문고에서 그가 강연회를 여는 걸 보게 됐다. 그래서 수많은 무리 중의 하나가 되어 『강원국의 글쓰기』라는 책을 사고 사진을 찍었다. 너무 쑥스러워 아는 체(?)를 더 할 수는 없었지만 그때 강원국 작가님이 해 주신 이야기가 여러모로 글쓰기 할 때 많은 도움이 되었다.

그는 글쓰기를 습관이라 했다. 헤밍웨이와 같은 대문호도 습관을 힘으로 삼아 글을 쓴다고 했다. 그리고 본인도 글쓰기에 몰입하기 위해 매일 20일을 시도했고 그 속에서 자신만의 의식이 생겼다고 했다.

생각해보니 나도 하나의 의식처럼 글을 쓰기 전 반복적으로 시작하는 사인(sign)이 있었다. 강원국 작가님이 카페에 가서 안경을 쓰고 글쓰기를 시작한다고 했다면, 나에게는 달달한 바닐라라테 한 잔과 음악을 들으며 글쓰기를 시작하는 게 사인이다.

아무튼 1인 출판사가 작가를 만들기란 쉽지 않다. 작가를 키울 생각하지 말고 기존의 글쓰기 훈련이 되어 있는 작가를 만나는 게 좋다. 내가 중견 출판사가 아니라는 한계를 분명히 알기 때문에 작가들에게도 매몰차게 대하지 않는다. 그들도 유명한 사람이라고 한다면 우리 출판사에 글을 투고하지 않았을 것이다. 그래서 나는 나의 주제 파악을 했기 때문에 투고해준 작가들이 고맙다.

조금만 입장을 바꿔 생각해도 나와 같은 작은 출판

사가 아니라 유명한 출판사와 책을 내고 싶을 그 마음이 이해되기 때문이다. 그래서 처음에 나는 지인들에게 우리 출판사에 책을 내라는 말을 하지 못했다. 물론 지금은 우리 출판사에 같이 글을 쓰고 싶다고 하는 분들이 대기를 하고 있지만, 처음에는 한 권도 나온 게 없었다. 출판은 처음이고 아는 척하며 같이 가자고 할 순 없었다.

하지만 그렇다고 해도 내게는 출판사가 큰 의미를 담고 있었다. 무시당하고 싶은 책은 만들고 싶지 않고 잘 만들고 싶은 욕심은 있었다. 하지만 줄 것이 없으니 붙잡을 수 없었다. 그래서 나는 첫 번째 저자를 찾을 때 더욱 신중할 수밖에 없었다. 출판사 이름대로 한 사람의 마음을 읽고 그 한 사람이 살아내고, 살아간 그 세상의 이야기를 담고 싶었고, 이런 나도 한 사람으로 봐줄 수 있는 그런 사람.

오랫동안 내가 멘토로 알고 지냈던 분에게 연락을 드렸다. 내가 해 줄 수 있는 게 없다는 것과 내가 할 수 있는 게 무엇인지를 말씀드렸다. 아니, 호소했다. 지금도 나는 작가들에게 비슷하게 말한다. 그때나 지금이나 작가를 위해 할 수 있는 일과 하지 못하는 일이 크게 차이 나지 않는다. 다만 책을 잘 만들겠다는 약속,

그리고 당신의 글을 당신과 같은 마음으로 잘 디자인해서 세상에 내놓겠다는 믿음이 있다고 말이다. 그리고 그 간절함이 작가에게 통해, 작가들 덕분에 책을 계속 내고 있다.

15. 작가와 출판사 대표의 관계

　고마운 작가들이지만 출판사를 운영하다 보면 가끔 작가들에게 서운할 때도 있다. 작가 다음으로 자신의 책을 나만큼 많이 읽은 사람이 있을까? 나는 감히 없으리라 생각한다. 책을 판매하기 위해 읽는 게 아니라 작가의 글이기에 읽는다. 작가의 글을 사랑하기 때문이다.

　너무도 당연한 소리 같겠지만 책의 운명이 출판사의 미래이다. 하지만 어떤 작가는 한 번 일하고 절대 같이 하지 말아야겠다는 생각이 든다. 책을 내고 연락 한번 하지 않는 작가, 자신의 책에 관심조차 두지 않는 사람이 그 대표적인 예다.

　그러나 반대의 경우도 있다. 어떤 작가는 글에 나와

있듯이 진정성과 예의가 있을 뿐 아니라 가장 기본적인 자기 글에 대한 확신과 애정이 있다. 그래서 계속 물어본다. 언제 내 책이 나오는지, 왜 이곳에서는 책이 검색되지 않는지 등 말이다.

나는 가끔 작가들에게 작가와 출판사는 동반성장하는 것이라고, 우리의 관계를 설명한다. 작가도 책을 디딤돌로 삼아 성장하고, 출판사도 작가와 독자의 성장을 보는 기쁨이 있어야 한다.

그런데 작가와 출판사 대표의 관계는 모닥불처럼 따뜻함을 느낄 정도의 거리면 좋겠다. 불을 가운데 두고 둘러 앉듯이 책을 가운데 두고 각자 자기의 자리를 지키며 오래 같이 있고 싶다. 너무 가까워 옷을 태우거나 너무 멀어 모르는 사람처럼 살지 않는 그런 관계면 좋겠다. 그냥 옆에서 한두 발자국 사이에서 같이 이야기 나눌 수 있는 그런 작가가 좋다.

16. 총판 계약한 날

출판사를 시작하며 낯선 단어 몇 개가 있는데 총판도 이에 해당한다. 총판(總販)은 무엇인가? 네이버 국어사전에 따르면 어떤 상품을 한데 합쳐서 도맡아 파는 곳을 뜻한다. 그러면 출판사는 왜 총판이 필요할까? 책을 1권 내도 막상 대형서점에 입점하려고 하면 그 장벽이 상당히 높다는 걸 금세 알 수 있다.

출판사 vs 서점으로 직거래를 맺을 수 있지만 어떤 대형서점은 1종만 출간하면 받아주지 않는다. 그 이유는 출판사가 어떤 의미에서인지 1종만 출판하고 망하는 경우가 상당히 높은 비율을 차지하기 때문에 서점 입장에서는 이런 입점고객(출판사)을 관리하는 게 힘들어서 그렇다.

게다가 1인 출판사가 전국의 그 많은 서점을 일일이 찾아가 계약을 맺고 유통을 직접 관리하는 일은 현실적으로 불가능한 부분이 있다. 그런 점에서도 인력과 유통망을 공유해서 작은 출판사의 책을 공급해 줄 총판이 필요하다.

출판 창업은 일반인들이 생각하는 것보다 쉬우므로 매년 300~350개 정도의 출판사가 새로 등록하고 있다. 그러나 2021년 기준 무실적 출판사 비율이 87.4%이며(KPIPA 출판산업 동향 발행통계기준), 5종 미만이 70%이다. 이 말은 무엇이냐면 출판사를 등록하고 1권도 내지 못한 출판사가 80%를 넘게 차지한다는 뜻이다.

또한 전국의 서점은 2,528개(2022년 한국서점편람)로 자신이 내고자 하는 종서의 장르에 따라 총판이 들어가는 지역을 알아볼 필요가 있다. 물론 서울지역, 혹은 지방의 몇 지역만 내가 관리하고 운영하겠다고 생각하면 총판이 필요하지 않을 수 있다.

그런데 총판을 활용하면 처음 출판사를 시작하는 사람에게 이로운 게 많다. 위에서 언급했듯이 내가 A라는 총판과 계약하면 A라는 총판이 맺은 거래망을 모두 사용한다는 의미이다. A라는 총판이 서울과 수도권, 지방의 어느 거래망을 사용하면 내가 일일이 쫓아다니며 서점과 거래하지 않아도 되니 편하다. 가뜩이나 정신이 없고 일할 줄도 몰라 헤매는데 이 정도만 해결해도 일하기는 훨씬 수월하다. 그러니 무턱대고 서점과 거래하기 전에 총판을 이용할지 안 할지를 결정하는게 더 중요하다.

그리고 총판과 출판사가 거래를 하면 각 서점과 따로 계약을 맺을 필요는 없다. 예를 들어 설명하면 다음과 같다. 총판을 사용하지 않으면 원하는 서점과 내가 거래를 맺으면 된다. 큰 서점 위주로 거래를 하게 될 것이다. 그런데 총판을 사용하면 총판과 거래한 서점들을 내가 사용할 수 있다. 그러니 또 거래할 필요가 없다.

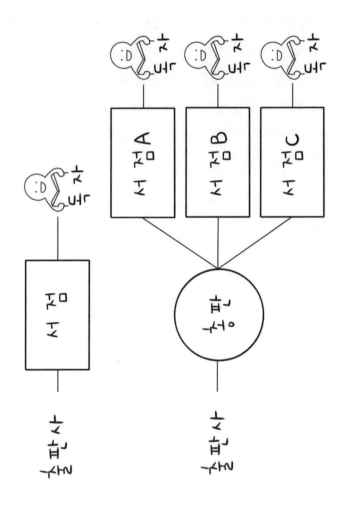

서버 A

서버 B

서버 C

서버

중앙

종단사

종단사

그러면 총판에 사용되는 비용은 어떻게 책정되는 걸까? 흔히 총판을 맡길 때 공급률을 50~60%에 잡힌다. 공급률은 출판사가 총판에 내놓는 가격에 대한 비율이다. 만약 공급률을 50%로 정하면 만 원짜리 책을 1권 팔았을 때, 출판사에 5천 원이 들어온다는 얘기다. 물론 총판이나 대형서점에도 책을 공급받은 퍼센트(%) 안에서 전국 유통비나 임대료, 인건비 등을 충당해야 하니 빠듯하긴 마찬가지다.

여기서 주의할 점은 총판과 거래를 맺으면 총판을 통해서만 거래하기를 총판도, 서점도 원한다. 나중에 알게 되겠지만 몇 퍼센트가 굉장히 중요한데, 사실 출판사가 결정한다고 할 수 없다. 특히 1인 출판사의 경우 아직 나온 책이 없고 일반 서점의 문턱은 높으므로 총판이 미리 정한 퍼센트율에서 약간의 조정만 하거나 아니면 정해진대로 따라야 한다.

출판사가 왜 돈을 못 버냐고 묻는다면, 이렇게 5천 원 받은 책값으로 모든 것을 지급해야 하기 때문이다. 그러니 많이 팔아야 가능하다. 좋은 뜻으로 시작해도 현실을 알게 되면 출판사를 운영하는 게 얼마나 어려운 일인지, 그리고 작가들의 책을 내주는 게 나름 큰 헌신이고 도전임을 알 수 있다.

17. 배본은 꼭 필요하다

배본은 서점에 책을 보내주는 서비스를 말한다. 처음 출판사를 시작할 때 제일 이해가 가지 않는 게 바로 이 부분이었다. 나는 인쇄가 다 된 책을 비어있는 방에 잔뜩 넣고, 주문이 들어올 때 발송하면 된다고 생각했었다. 그렇게 하면 보관비를 줄일 수 있겠다고 생각했다. 그런데 중대형서점은 배본사가 없으면 거래 자체를 하지 않는다. 그러니 내가 그렇게 생각하든 하지 않든 상관없이 배본사를 선택해야 한다.

여기에는 그럴 만한 이유가 있다. 배본사 없이 출판사가 직접 책을 공급하기에는 인력이나 유통망의 한계가 있어 원활한 배송을 보장할 수 없다. 기본적으로 서점에서 단 1권의 도서를 발주하더라도 출판사는 지체 없이 입고해 주는 것이 원칙이다. 그러기에 원활하고 안정된 도서 공급을 위해서 배본사가 필요하다.

　배본사를 알아보니 이 또한 천차만별이었다. 배본사는 창고에 내가 출판한 책들을 넣어두고 매일 주문량만큼 출고해주는 서비스다. 당연히 창고비용은 기본 몇 권에 얼마로 계산되며, 거리와 권수, 크기에 따라 금액이 추가되거나 달라진다. 앞서 말한 것처럼 총판과 배본사가 같을 수도 있고 다를 수도 있다.

[배본사를 살필 때 알고 있어야 할 용어들]

1) 배본 : "갑"이 출고한 도서를 지정된 서점까지 직접 운송하는 행위를 말한다.

2) 발송 : "을"이 직송하지 않고 정기화물, 택배 기타 운송 수단에 의뢰함을 말한다.

3) 시내 : 행정구역상 배본사를 기준으로 정한다.

4) 지방 : 3항을 제외한 전 지역을 말한다.

5) 댐지 : 책을 포장할 때 사용하는 종이로 흔히 골판지를 말한다. 배본비가 저렴하면 댐지를 추가로 받는 예도 있고 아닐 수도 있다.

6) 반품 해체비 : 서점에서 반품되어 본사로 입고되면 반품된 것을 해체해서 다시 보관하는데 사용되는 비용이다.

18. 400권 반품되어 돌아오다

책을 만들다 보면 가끔 이렇게 뭉텅이로 책들이 반납되어 돌아온다. 아무것도 모를 때면 나도 이런 생각을 했다. 그러면 다시 팔면 되잖아? 아니다. 거의 팔 수 없다(서점 표시 도장이나 스티커, 전자감지센서, 햇볕에 그을림, 배송 중의 스크래치, 기타 이유의 파본 등).

그러면 책에 문제가 있어서 그런 걸까? 문제가 있는 책은 1,000권에서 2~3% 정도이다. 일반적으로 반품되는 책은 소비자의 단순 변심이나 서점에서 팔리지 않아 반품시킨 책들일 확률이 크다.

여기서 잠깐, 서점의 판매방식에 대한 이해가 필요한 시점이다. 서점은 크게 두 가지 형태로 책들을 공급받는다.

첫째는 위탁이다. 총판을 통해 서점에 책이 들어갈 때, 외상으로 책을 받는다. 그리고 안 팔리면 2개월 혹은 6개월 정도 있다가 반품한다. 그러니 이때 반품된 책을 다시 팔 수 있을까? 그럴 수 없다. 이미 사람들의 손을 탔고 어떤 책은 손을 타지 않아도 표지가 구겨지거나 찌그러져 사용할 수 없다.

우리도 처음 책이 나오면 총판을 통해 전국에 300부 정도가 내려간다. 그런데 간혹 어떤 작가들은 자신들의 책이 얼마나 팔리냐며 물어온다. 온라인상으로는 파악할 수 있지만 온라인 서점과 오프라인 서점을 같이 운영하는 경우 책을 정확하게 집계하기에는 적어도 6개월 후나 알 수 있다. 아까처럼 반품이 들어올 확률도 크기 때문이다.

그리고 책이 출간되면 책의 생명력이 이전보다 훨씬 짧아서(2주-최대 2달) 매대에 올라가기까지 온갖 노력을 기울여 올라가게 되었다고 해도, 눈 깜짝할 사이에 책장으로 직행할 수 있다. 책장으로 직행한 책들은 고객들의 시야에 노출되기 어렵게 되거나 재고로 남을 확률이 높다. 그래서 참 어렵다.

그러면 서점은 돈도 받지 않고 외상으로 책들을 구

입하니 출판사에 잘해줄까? 그렇지 않다. 물건값도 받지 못했지만 그나마 서점 직원들에게 밉보일까 봐 출판사 대표는 마음이 어렵다. 사람마다 다르지만 그들도 자신들을 '갑'으로 여기고 있다. 책 한 권이 세상에 나오기 얼마나 어려운지 모르는 사람들처럼 나의 '자식들'(책들)을 그들은 업무 리스트 정도로 가볍게 생각하기 때문이다.

그러면 이런 일이 왜 일어날까? 근본적으로는 서점은 아쉬울 게 하나도 없어서 그렇다. 내 돈 주고 산 책이 아니니깐 진열했다가 안 팔리면 환불하면 된다고 생각한다. 이것이 위탁방식의 한계이고 출판사에 치명적인 방식이다. 재정도 늦게 회수되고 책은 엉망으로 반품되어 돌아오니 속이 끓는다.

위탁 방식이 아닌 다른 방법은 '매절'이다. 매절은 쉽게 말하면 서점이 현금으로 출판사로부터 도서를 대량 구입하는 방법이다. 대개 50권 이상 매절하면 5% 정도를 추가 할인해준다. 과거에는 매절하면 반품을 하지 않았지만 요즘에는 대형서점에서 매절을 해도 반품하는 경우가 있다. 현금을 주는 대신 원래 정한 공급률에서 작게는 5%에서 많게는 10%로 할인해서 판매하니 출판사는 웃다가 울다가 한다. 그런데 내 책이 나오자

마자 매절해줄까? 기대하기 어렵다. 매절은 유명한 작가 혹은 베스트셀러 책을 진행하는 경우가 흔하다.

동네 서점이나 독립서점은 어떻게 할까? 내가 아는 독립서점 사장님은 일부러 작가들에게 메일을 주고 받으며 공급가를 정한다. 또 다른 독립서점 사장님은 작가들에게 일일이 연락을 받고 진행하는 게 힘들다며 도매상을 통해 진행하고 있다. 독립서점도 yes24, 교보문고, 인디펍 등을 통해 위탁의 형식으로 점점 늘리고 있다.

아무튼 이렇게 책들이 많이 반품되어 들어오면 마음이 어렵다. 책이 나올 때 아이가 나오듯 기쁘고, 책이 보관소로 돌아올 때 아이가 시험에서 떨어진 것처럼 마음이 쓰리다. 그러다 보관하는 책들이 많이 늘어나면 보관료도 늘어나기 때문에 결국 몇 년마다 돈 주고 폐기 처리를 해야 하는 경우가 생긴다.

생각해보니 나도 비슷했던 것 같다. 첫 책이 나온 지 5년 정도가 지났을 즈음, 대표님이 전화를 주셨다. 책이 좀 남았는데 필요하면 그냥 가져가도 된다고 하셨다. 그때는 이 말이 무슨 말인지 몰랐다. 그때 그 착한 출판사 대표님은 차마 버려야 한다는 말을 나에게 하지 못했고 나는 그 말을 전혀 알아듣지 못했다.

　출판사를 운영하다 보니 현실이 녹록지 않다는 걸
느낀다. 책이 잘될 것만 생각하는 '꿈꾸는' 작가들, 그
래서 얼마나 인세를 줄 거냐고 묻는 작가와 책이 안 될
것도 생각해야 하는 '현실' 대표와의 줄타기는 이쪽에
서 저쪽 끝까지 멀다. 둘은 어쩌면 영영 다른 생각을 하
며 합일을 이루지 못할지도 모른다.

19. 3mm 때문에 책을 다시 찍다

해 보지도 않은 출판사 일을 하다 보니 정말 많은 변수가 있다(물론 출판이라는 것 자체가 원래 변수가 크다고 하니 놀라지 마시라). 나에게는 변수이지만 정확히 말하면 사고이다. ISTJ의 성격유형을 가진 나는 누군가를 만날 때도 계획하고 예상하고 헤어질 시간을 대략 생각한다. 시간과 상황을 통제하는 게 무척 편하다. 하지만 일이 뜻대로 되지 않을 때, 내가 생각했던 것과 다른 방식으로 일이 진행될 때 스트레스를 심하게 받는다.

이번 실수는 책등 사이즈를 잘못 측정해서 생긴 문제였다. 책등 사이즈는 인터넷에서 자동으로 계산하는 방식도 있지만 종이와 그램(g)에 따라 미세하게 달라질 수 있어서 반드시 작업하기 전 인쇄소 사장님에게 확인하고 진행한다.

그런데 종이가 달라지면서 달라진 책등 사이즈로 작업을 해야 하는데, 바쁘다 보니 머리로는 했다고 생각하고 실제로는 하지 않았다. 그렇게 책이 잘못 나왔다. 엄연한 내 실수다! 가까이서 보니 별 차이가 나지 않는 것처럼 보이기도 하고 대충 넘어가면 좋겠다는 마음도 생겼다. 인쇄소에서도 그래도 된다고 말하는데 그건 그쪽 의견이고. 한참을 고민하다가 작가를 생각했다. 작가에게는 첫 번째 책이니 그냥 낼 수 없다는 쪽으로 결론을 내렸다.

지금까지 흔히 3mm는 나에게 아무것도 아니었다. 출판을 하기 전에는 전혀 몰랐던 3mm. 차이를 보니 얼마나 크게 보이던지. 디자인을 전공하지 않은 나로서 학원비를 냈다고 하기에는 금전적으로나 시간과 정신적인 면에서 큰 손실이다. 다행히 책 표지만 다시 찍어서 붙이는 걸로 마무리했지만 마음고생을 한 걸 생각하면 진짜, 정말, 아휴!

20. 바코드 때문에 책을 또 또 또다시 찍다

    이 이야기는 뺄까 말까를 적어도 세 번 이상 생각했던 부분이다. 다른 이유는 없다. 너무 창피하고 부끄러웠다. 바코드를 잘못 작업해 세 번씩이나 다시 찍었다. 그러니 재정적 손실은 물론이고 출간 일정이 달라져 홍보에 차질이 생겼다. 심지어 이미 배본사에 전달이 돼 다시 회수하고 보관소에 있는 책과 회수한 책들의 라벨지를 붙이느라 고생을 많이 했다.

    그만큼 나에게 바코드는 최대 난관이었다. 첫 번째로 한 실수는 흑백색을 제대로 지정하지 못해서 생긴 문제였다. 사실 그때까지도 내가 무엇을 잘못했는지 몰랐다. 인디자인에서 바코드를 가지고 올 때 색깔 지정을 어떻게 해야 할지 몰랐고 내 눈에는 검정색으로 보였기에 뭐가 잘못되었는지도 몰랐다. 하지만 실제 바코드는 1도 먹색(검정)이어야 하는데 내가 이것을 모르니 출력이 된 다음에도 아무 문제가 없다고 생각했다.

문제의 발견은 총판으로 넘어갔을 때 발견됐다. 바코드 인식이 안 된다고 연락이 왔다. 바코드가 있는데 왜 바코드가 안 찍히는지 멘붕이 왔다. 아무리 검색을 하고 찾아봐도 알 수 없었다. 정확한 용어로 검색을 해야 하는데 이때는 출판을 시작한 첫해라서 더 서툴렀을 때였다. 그러면 학원을 안 다녔냐? 아니다. 학원에서 검은색이 다 똑같은 검은색이 아니라고 들었던 기억은 나는데 그게 이 문제랑 어떻게 연관되는지 알 수 없었다. 결론은 바코드를 다른 디자이너에게 의뢰해 라벨지를 붙이기로 했다.

두 번째, 세 번째 바코드 문제는 이번에도 정확히 실무와 관련된 실수였다. 책을 만들어봤어야지 무엇이 문제인지 알 수 있을 텐데, 진짜 큰 문제는 문제가 있다는 걸 알지 못하는 게 문제였다.

어느새 나는 출력실에서 유명한 출판사가 되었다. 내가 보낸 원고는 출력실 상무님이 더 세심하게 봐주고 있다. 뭐가 뭔지를 모르니 불쌍하게 생각한 것 같았다. 마지막으로 생긴 바코드 문제는 책 표지 바탕색에 바코드를 입혀서 생긴 것이었다. 바코드는 흔히 흰색 바탕에 바코드가 입혀지는데 나는 책 표지색 위에 바코드를 입혔다. 그러니 바탕색이 있는 바코드가 나왔다. 이때는 1도 먹색은 잡았으니 출력실에서도 문제라 여기지 못하고 넘어갔다.

그런데 이번에는 서점 측에서 바코드가 잘 등록되지 않는다고 반품시켰다. 바코드가 한 번은 잡히고 한 번은 안 잡히니 안된다는 거였다.

그럼, 지금은 어떻게 하고 있냐고? 바코드에 더 이상 문제가 생기지 않을 정도로 잘하고 있다. 더 이상 바코드 문제는 생기지 않았다. 또 다른 문제가 생길 때는 있지만. 헤헷!

다음에는 내지 디자인 작업에서 문제가 생겼다. 페이지를 두 쪽씩 붙여서 해야 하는데 나는 두 쪽이 아닌 4쪽을 붙인 적이 있었다. 그래도 괜찮을 줄 알았다. 내지 인쇄를 전체 했는데 쪽 번호가 두 쪽이 빠진 걸 발견하지 못했다. 그런데 천 권을 다 찍고 책을 살펴보니, 딱 두 페이지가 쪽 번호가 없었다.

그래서 어떻게 했냐고? 다시 찍었다. 2도 색으로 작

업을 처음 한 것이라 거기에 온통 신경 썼는데, 쪽 번호가 빠졌을 줄은 정말 생각도 할 수 없었다. 그때 이후로 남편과 같이 출판사를 운영하게 됐다. 인쇄 사고로만 4번. 다행히 울고 있는 나에게 남편은 아무 말을 해주지 않았다. 잘할 수 있다는 말이나 왜 그렇게 덜렁거리냐는 말을 하지 않았다.

출판 내내 겁이 나는 일이 많았다. 당시에는 책이 나온 것보다 버린 게 더 많았다. 괜한 일을 해서 돈만 바닥에 버리고, 실력도 없어서 연신 죄송하다는 말밖에 하지 못하는 우스꽝스러운 내가 너무 싫었다. 작가들에게는 이런 실수를 말하지 못했다. 그들에게도 우습게 보이고 싶지 않았다.

연거푸 실수만 하는 그런 시간이 나에게도 있었다. 그래서 내가 이렇게 말하는 것은 누군가는 나처럼 실수하지 않기를 바라는 마음과 거듭 실수하고 자기가 싫어질 때가 있을 때조차 다 과정이라고, 응원해주고 싶어서다. 괜찮다. 학원비를 크게 냈다고 생각하지, 뭐! 처음인데, 어쩌라고???

21. 항상 감리보러 갑니다

　　인쇄소에 표지와 내지를 보내면 그다음으로 감리 일정이 잡힌다. 인쇄소의 일정에 따라 감리일을 정해주면 그 시간에 맞추어 감리를 하러 가면 된다. 일정은 출판사가 정하는 게 아니다. 인쇄 일정에 따라 아침 일찍 보게 되는 때도 있고, 오후 늦게 보는 일도 있다. 지역도 멀고 오고 가는 길이 힘들고 기다리는 게 어렵지만 그래도 감리를 꼭 보러 가는 이유가 나에게는 있다.

　　내가 책을 몇 권을 만들었든 오늘 내가 보러 간 이 책은 '나의 첫 자녀'이다. 내 새끼를 어미가 보지 않으면 누가 보겠는가! 그런 마음 때문에 설렘을 가지고 감리를 보러 간다.

　　내가 감리 보러 가는 곳의 감리사님은 30년 넘게 이

일을 하셨다고 했다. 첫 감리보러 가던 날을 나는 아직도 잊지 못한다. 감리사님에게 흥분을 감추지 못한 채 "이게 첫 책이거든요."하면서 펄쩍펄쩍 뛰었다. 나처럼 좋아하는 사람도 흔하지 않다고 했다. 신기하게 나를 쳐다보셨고 그 이후로 우리는 친해졌다. 그만큼 나는 기뻤고 지금도 감리를 볼 때 기쁘다.

내가 감리를 보러 간 이유는 또 있다. 바쁘더라도 꼭 시간을 내서 감리를 하는 이유는 모니터로 본 것과 실제로 인쇄할 때 색의 차이가 크기 때문이다. 그래서 감리를 하면서 명도와 채도를 높이기도 하고 낮추기도 한다. 종이에 따라 생각한 색상이 달라지기도 한다. 그렇게 색을 정하고 그러다가 잘 모르거나 이해되지 않는 부분에 대해서는 경험이 많은 감리사님에게 물어본다.

감리는 책 표지의 코팅 전 모습이라 완성본과는 조금의 차이가 나지만 그래도 정확하게 내가 원하는 색상을 뽑을 수 있기 때문에 디자인에 민감한 나에게는 이게 차라리 좋다. 인쇄(印刷)는 人쇄라고 한다. 사람이 하는 일에는 어디서 문제가 생길지 모른다.

요즘 추세는 표지에 무광 코팅을 많이 사용하는 듯

하다. 표지에 코팅을 입혀야 내구성이 생긴다. 그런데 무광으로 코팅하면 톤이 다운되고 유광 코팅되면 톤이 진하다. 그러니 또 색이 달라진다. 이렇게 감리를 마치면 일반 단행본일 경우 일주일 정도면 책이 나오고, 하드커버와 같은 경우는 15일 후 책이 나온다.

22. 책이 팔리는 건지 모르겠습니다만

　힘들게 책을 세상에 내놨는데 더 힘든 일이 남았다. 책 판매와 관련된 일들이다. 책은 누가 팔아야 하는가? 이미 앞서 나는 책은 작가가 파는 것이라고 했다. 그러면 출판사는 할 일이 없다는 말인가? 그렇지 않다.

　마케팅 비용을 쓴 만큼 책이 나간다고 하던데 나는 몇십만 원의 돈을 홍보비로 써본 게 전부이고 그렇게 해서 별로 도움을 받지 못했다. 오히려 홍보비만 따로 나간 것 같은 느낌이다. 돈을 쓰려면 많이 써야 좀 티가 나는 것 같다. 적당한 비유가 아닐 수 있지만 피부과 시술을 1회로는 아무 효과가 없는 것처럼 10번 정도의 티켓팅을 할 정도의 여유가 있어야 마케팅 효과를 얻을 수 있다.

책을 만들기만 하면 책의 날개를 달아준 것 같았는데 의외로 판매가 참 힘들었다. 책을 판매하면서 신기했던 점은 의외로 책은 정직하다는 것이다. 나는 이것을 책의 진정성이라 부르고 싶다.

책은 어떻게 팔리는가? 책은 책의 인격으로 스스로 팔린다. 마케팅도 당연히 열심히 하고, 좋은 재질의 종이를 사용하는 것, 작가와 관계를 좋게 유지하는 것도 좋지만 이것들은 모두 부수적이다.

내가 생각하는 가장 중요한 마케팅은 책의 정체성과 관련되어 있다고 생각한다. 책은 책 자체로 책이 말하는 것이다. 출판사를 시작하면서 깜짝 놀란 점은 좋은 책은 독자들이 알아보고 소문을 낸다는 것이다. 마케팅이 어느 정도 도움은 될지 모르고 영향력 있는 사람들의 추천 도서가 되어 판매에 어느 정도 영향을 미칠 수는 있으나 책을 만드는 자의 본질적인 업무는 책의 껍데기를 다 벗기고, 책 자체의 내용적인 면으로 승부할 수 있느냐이다.

또한 마케팅을 어떻게 할 수 있을지에 대한 '안목'이 필요한데 이것도 책을 좋아해야 가능하다. 커피를 좋아하지도 않는데 먹고 살기 위해 커피점을 여는 것이 우스운 것처럼 떡볶이를 좋아하는 사람은 매일 떡볶이를 먹어도 질리지 않는 사람이어야 할 것이다. 적어도 양념 맛을 보면서 내가 한 양념이 달라지지는 않았는지를 자기 스스로 점검할 수 있어야 하기 때문이다.

그래서 마케팅은 처음 책을 기획할 때부터 어떤 대상에게, 어떻게 전달할지를 작가와 함께 소통하며 준비하는 편이다.

마지막으로, 책을 판매할 때도 책에 대한 집중력을 가지고 한 달에 한 권만 판매하는 것을 목표로 하고 있다. 열심히 잘 만들고 책에 대한 홍보를 집중해서 하지 않으면 어떻게 되겠는가? 사장된다. 이런 의미에서 한사람출판사는 다른 출판사에 비해 잘하는 게 있다. 한 달에 1권만 발행하는 것을 목표로 하고 있어서 홍보도, 편집도, 디자인도, 유통도 오롯이 한 권에 집중하고 있다고 자신있게 말할 수 있다. 그러니 작가가 좋아할 수밖에 없고 전략적으로 유리하다고 할 수 있다.

큰 미용실에 간 적이 있다. 매우 비싼 미용실이라는 말을 듣고 갔다. 인테리어도 그렇고 스텝들도 다른 곳과 달라 보였다. 그런데 오히려 불편했다. 내가 주인공이 된 것이 아니라 워낙 유명한 미용실이라, 그 미용실의 디자이너들이 주인공인 것 같은 느낌이었다. 큰 출판사와 일할 때 이런 느낌을 받을 수 있다. 출판사 브랜드가 이미 높은 경우에는 작가가 주인공이 아니라 출판사의 브랜드가 주인공이다.

그런데 한사람출판사는 작가가 먼저 주인공이다. 작은 출판사라서가 아니라 한사람출판사의 브랜드 스토리 자체가 그것을 표방하고 있어서다. 책 판매가 잘되는 것을 원하지만 책은 사람이 선택하는 것. 그래서 나는 사람에게 집중하고 있다.

23. 전자책 만들어야 할까?

　종이책 하나 만드는데도 아직 아는 게 충분하지 못하다고 생각하고 있는데 전자책을 만들어야 할까? 대부분 전자책도 외주로 주거나 아니면 출판사 대표인 본인이 해야 할 일이다. 그런데 내가 쓴 글을 잘 이해했다면 출판이 얼마나 어려운 지 해야 할 일이 정말 백만 가지라고 해도 될 만큼 바쁘다는 걸 알게 되었을 것이다. 그래도 전자책은 종이책과 다른 '플랫폼'에서 일어나는 일이기 때문에, '독자층'이 다르다. 결론적으로 전자책은 하는 게 좋다.

　나는 전자책을 종이책이 발행하고 난 뒤 10일이 지난 뒤 출간한다. 이유는 종이책을 만든 다음에 홍보가 진행되고 인터넷에 도서 정보가 공개된 후 전자책을 발행하면 종이책과 맞물려 홍보 효과를 같이 얻을 수 있기 때문이다.

전자책을 만들면 종이책과 다른 몇 가지 독특한 매력을 만날 수 있다.

첫째, 전자책은 언제든 수정할 수 있다. 종이책은 책이 출판되면 수정할 수 없다. 오타나 수정하고 싶은 게 있어도 책이 다 팔릴 때까지는 수정할 수 없다. 하지만 전자책은 수정하기가 매우 쉽다.

둘째, 전자책은 내가 읽고 싶은 글씨 크기, 폰트로 변경해서 읽을 수 있다. 눈이 나쁜 사람에게 작은 글씨로 발행된 종이책은 불편함을 준다. 그러나 전자책은 종이책과 다르게 글자체나 크기 등을 마음대로 확대, 축소하면서 편의를 준다.

셋째, 전자책의 독자층은 종이책의 독자층과 다르다. 종이책을 사는 사람은 전자책을 사지 않고, 전자책을 사는 사람은 종이책을 사지 않는다. 독자층이 확고하게 구분되어 있다. 요즘에는 종이책을 대여하지 않고 학교 도서관에 전자책을 발행해서 읽는 게 어렵지 않다.

넷째, 전자책은 종이책에 비해 상당히 저렴한 비용으로 만들 수 있다. 전자책을 만드는데 글씨만 있다면 30~50만 원 이내로 만들 수 있다. 그런데 유페이퍼와 같은 사이트를 이용하면 쉽게 전자책을 제작, 유통할 수 있다.

이외에도 전자책은 분량이나 형식의 제약을 받지 않는다. 전자책은 인쇄할 필요가 없고 휴대하기 편하고, 오디오로 이동 중에도 들을 수 있다. 또한 전자책은 제작과정에 사용되는 비용이 적어 상대적으로 높은 수익을 부차적으로 기대할 수 있다.

정리하자면 전자책은 종이 형태가 아닌 '단말기'와 '파일' 형태로 제공되는 책을 뜻한다. 전자책은 다양한 파일 형식이 있다(PDF, EPUB, COMI, PPT, TXT 등). 그런데 대부분이 이펍(EPUB)의 형태를 사용한다. 이펍은 내용 수정이 편리하지만 프로그램 언어를 배워야 해서 진입 장벽이 높다. 그리고 뷰어의 호환성 문제가 있을 수 있어 교보에서 산 전자책을 YES24 뷰어로는 호환이 안 된다.

내가 처음에 시도했던 전자책 발행 방법은 PDF 형식이었다. 그런데 생각보다 내용을 수정하는 게 다른 프로그램만큼 쉽지 않고 뷰어에 따라 가독성이 떨어졌다. 그리고 무엇보다 보안이 염려되었다. PDF에 워터파크를 새겨도 안심이 되지 않았다.

그다음으로 배운 프로그램은 시길(sigil)이었다. 시길은 전자책 시장에서 점유율이 높고, 인터페이스가 비교적 단순해 사용하기 편하다고 했다. 하지만 나에게는 쉽지 않았다. 그래서 배우긴 배웠지만 이것보다 훨씬 단순한 방식인 유페이퍼에서 전자책을 만들기로 결정했다.

전자책을 만들 때도 출판사가 있으면 유리한 게 많다. 출판사가 있다면 내가 운영하는 출판사 이름으로 ISBN(국제표준도서번호)를 발급받을 수 있다. 물론 출판사를 등록하지 않고도 ISBN을 발급받을 수 있기도 하다. 예를 들어 일정한 수수료를 지불하고 다른 출판사로부터 ISBN을 발급받는 것이다. 이왕 출판사를 운영하겠다고 마음먹었다면 출판사 등록은 하는 게 좋다. 출판사 등록은 한 번만 하면 종이책, 전자책에 필요한 ISBN을 발급받을 수 있기 때문이다.

전자책을 만들고 난 다음에 중요한 부분은 유통이다. 유통사가 전자책을 플랫폼에 올려주고 판매된 내

역에 대한 정산을 해 준다. 그래서 이때도 계약서, 통장사본, 사업자등록증 사본이 필수이다. 교보문고나 yes24 등 같은 경우에도 전자책 신규 거래에 대한 안내가 홈페이지에 잘 나타나 있다. 그런데 이때는 내가 각각 교보문고와 전자책 계약을 맺고, 마찬가지로 다른 서점과도 각각 유통을 거래하겠다고 할 때 필요한 서류이다.

유페이퍼를 이용하면 전자책 제작, 발행, 유통까지 한꺼번에 이 사이트에서 진행할 수 있어서 쉽고 편리하다. 그러면 수수료가 있지 않을까? 당연하다. 세상에 공짜는 없다. 그런데 전자책 제작과 발행, 유통에 대한 수수료라고 할 때 기존 서점에 내는 수수료(30-40%)에 5-10%를 부과하니 이 정도는 괜찮다는 생각이 들었다.

또 한 가지 알아야 할 점은 종이책과 마찬가지로 전자책을 유통할 때도 각 서점은 자기들의 기준에 따라 정한 수수료를 30~40% 빼고 정산된다는 것이다. 그래서 전자책을 너무 싸게 책정하면 안 된다. 실제로 정산을 제외하고 들어오는 비용이 별로 없다.

일반적으로 전자책의 단가는 종이책에 비해

25~30% 정도로 가격을 책정하는데 이렇게 해도 대형 온라인서점에서는 10% 정도 상시 할인하기 때문에 돈이 크지 않다.

또 다른 형식으로 종이책, 전자책과 다른 방식인 POD형식이 있다. POD(Publish On Demand)는 독자가 책을 주문하면 그때 제작하는 출판 시스템이다. 출판사는 제작 비용이 들지 않고 인세보다 높은 비율로 대금을 정산받는다. 다만 내가 POD 형식의 책을 구입해보니 종이 질과 화질이 일반 책에 비해 보기 좋지 않았다. 동네 복사가게에서 받는 것처럼 느껴졌다.

또 불편한 점은 POD책은 주문할 때 그때 인쇄가 들어가기 때문에 적어도 일주일 이상의 시간이 소요된다. 그러다 보니 오래 걸리고, 1권만 인쇄하기 때문에 다른 책들에 비해 책값이 매우 비싸다.

물론 장점도 있다. 출판사 입장에서는 재고에 대해 걱정을 할 필요 없고, 제작 비용이 들지 않기 때문에 좋다. 그러나 독자 입장에서 생각한다면 굳이 이렇게까지 하면서 이 책을 살지 망설이게 된다.

24. 한 달에 천만 원 벌고 있습니다만

　생각해봤다. 회사를 퇴사하고 나는 지난 30개월 동안 무슨 일을 했는지 말이다. 지금까지 내가 만들고 있는 책은 스물두 권. 그중에서 내가 쓴 책 4권, 다른 작가들의 편집 중인 책 3권. 작가처럼 글을 쓰다가, 디자인을 생각하는 마케팅 직원이 되었다가, 편집부원이 되어 맞춤법과 윤문을 하다가, 지루할 즈음에는 역할을 바꿔가며 몇 번을 돌려 지내고 있다.

　편집이 끝나도 할 일이 다 끝난 게 아니다. 책이 인쇄되어도 1인 출판사 대표의 할 일은 계속된다. 가끔 나는 나 자신에 질문한다. 내가 왜 이것을 했을까. 아니, 내가 왜 또 이 짓을 했을까. 글쓰기는 정말 어렵다. 그런데 작가이자 마케터, 편집자, 디자이너… 기타 등등의 역할을 하는 나는 정말이지 혼자 북 치고 장구 치고 이러는 게 참 우습기도 하고 불쌍하게 보일 때가 있다.

아무리 좋아서 시작한 일이라고 해도 힘은 들고, 얼마를 벌었는지 무엇이 남는지를 계산할 때면 기가 죽는다. 그러다 다르게 생각해보기로 했다. 회사라고 생각한다면 1권당 편집 직원이 3~4명 달라붙는다. 그렇게 편집부 직원들은 한 권을 분량에 따라 나눠서 보기도 하고, 돌려서 읽고 정리하고 표시하고 그런 일을 반복하며 퇴고, 윤문을 거친다. 이뿐인가? 마케팅 직원들, 회계팀 직원, 감수하는 사람 등이 붙으면 인원은 기하급수적으로 는다.

그런데 내가 한사람출판사에서 하는 일은 작가, 편집부장, 기획자, 편집부원1, 편집부원2, 마케터, 회계, 경영을 하고 있다. 생각해보니 최소한 한 달에 편집부 직원 2명, 마케터 1명의 월급을 준다고 하면 천만 원이다. 그러면 나는 한 달에 적어도 천만 원 이상을 번 것이다.

으하하….

그렇게 내가 출판사를 열면서 계산을 해 보니 어마

어마한 돈을 벌었다. 그렇게 생각하기로 하니 갑자기 내가 대단한 존재로 생각됐다. 오늘은 그렇게 한 달에 천만 원을 벌고 있다고 생각하고 하루를 마감하는 걸로.

25. 1평에서 15평의 기적

출판사 사무실을 얻기 전까지 나는 집에 있는 가장 작은 방을 출판사 사무실로 삼았다. 그런데 집과 출판사가 붙어 있다 보니 살림을 놓을 수 없었다. 글을 읽다가 밥 한번 뒤지다가 글 보다가 빨래하다… 아이가 학교에서 일찍 돌아오면 간식 챙겨주다가… 집에서 일하는 사람이라면 내 마음을 잘 이해할 수 있을 것이다.

나도 오롯이 집중할 수 있는 나만의 공간이 있었으면 좋겠다고 생각했었다. 하지만 아무리 저렴한 곳을 알아본다고 한 들 최소 35만 원, 어느 정도 구색이 있고 영감을 불러일으킬 수 있을 만한 곳은 55만 원이 적정선이었다. 한 달에 55만 원, 뭐 한다고 내가 그 돈을 쓰나 싶었다. 그래도 지금 생각해보면 그것도 저렴한 가격이다. 거기에 공과금, 세금까지 내면서 출판사를 운영하다 보면 100만 원은 최소한 사무실 경비로 생각해야 한다.

그렇게 1평에서 3년 만에 나는 지금의 15평 사무실로 이사를 왔다. 이곳이 고맙고 좋은 건 한 평도 안 되던 곳에 앉아 2년을 넘게 작업했기 때문일 것이다. 이제는 또 좋은 점이 생겼다.

내가 좋아하는 것들을 두고,

내 취향의 음악을 들으며,

배고프면 언제든 꺼내 먹을 수 있는 근접한 거리의 키친과

먹고 싶을 만큼 다양하게 갖춰진 음료들, 쿠키들, 과일…

화장실 청소를 하지 않아도 되고,

손님들을 맞이할 공간도 있다.

이렇게 사무실을 이전하니 뒤에서 등을 밀어준 고마운 사람들이 많이 생각났다. 늘 사랑으로 흥하라고 격려해주시는 작가들, 독자들, 친구들, 가족들 덕분에 힘을 낼 수 있었다. 해야 할 일이 필요했던 나에게 어떻게 여기까지 왔냐고 주변 사람들은 놀라고, 무식하고 아는 것 하나 없이 시작한 나는 기적과 같은 일이 일어났다고 생각한다.

누군가 언제까지 출판사를 할 수 있을 것 같냐고 묻는다면 나는 이 책의 한 글귀를 빌어 이렇게 말하고 싶다.

"무슨 일이 될 거라 그런 생각 해 본 일 없고,

또 안 될 거라는 생각도 해 본 일이 없소이다."

| 김연숙. 박경리의 말, 140쪽 , 천년의상상

"될 것도, 안 될 것도 없이 모르지만
그냥 걸어가겠습니다.
그냥 내 할 일을 하겠습니다." 라고.

26. 더 빨리 시작할 걸

_ 은퇴없이 오래할 수 있어 다행입니다

한사람출판사, 한사람북스는 작은 출판사다. 규모도, 자산도, 직원 수도, 비교하려면 끝도 없이 부족한 것 투성이다. 하지만 자신 있는 점도 있다. 큰 출판사에서는 유명한 작가가 아닌 이상 책 한 권 내기도 힘들고, 책을 내준다고(?) 해도 무엇이 남을까?

얼마 전 지인이 큰 출판사에 글을 쓰게 되어 좋았는데 편집장을 만날 수도 없고 계약할 때 얼굴만 보고 글이 어떻게 돼 가고 있는지 물어볼 수도 없다고 하소연하는 걸 들었다.

하지만 우리 출판사는 다르다. 나와 작업하는 작가들은 수시로 이야기를 나눌 수 있다. 작가에게 책이라는 것이 자기의 인생을 담고 있듯 나에게도 작가의 책은 작가 다음으로 그 책을 가장 사랑하고 좋아하는 독자가 돼야 하기 때문이다.

그래서 나는 내가 좋아하는 책을 만들고, 내가 보고 싶은 책을 만들고, 내가 읽어주고 싶은 책을 만든다. 많지 않아도 나와 비슷한 생각을 하는 사람들이 같이 보고 읽을 수 있는 그런 책을 만들고 싶다.

같이 작업하는 작가가 이런 말을 해줬던 기억이 난다. 자기가 쓴 글을 같이 이야기하고 방향을 나누며 갈 수 있어 좋다고. 그리고 당신은 가족 외에 처음으로 자기 글을 인정해준 한 사람이었다고.

아무리 노력해도 되지 않는 게 있겠지만 그래도 간절함과 소신으로 책을 만들고 있다. 오래 내가 좋아하는 일, 우리가 꿈꾸는 일을 할 수 있다면 좋겠다. 이 좋은 일을 나는 왜 진작 시작하지 못했을까? 누군가 더 빨리 말해줬다면 조금의 용기를 가지고도 시작할 수 있었을텐데.

EPILOGUE

출판사가 잘 되기를 바란다고
작가들이 말해주었습니다.
나는 그들에게 글을 부탁드렸습니다.
그런데 그들은 나를 생각하고 준다고 합니다.
그렇게 이상한 채무 관계가 되면서
서로가 서로에게 주기만 합니다.

밥을 산다고 해도
고기를 사준다고 해도
괜찮다고 하고
자꾸 주려고 합니다.

마음으로, 기도로,
돈으로, 시간으로…

출판사를 시작하면서 이상한 일들을 경험합니다.
그러니 점점 더
잘하고 싶어집니다.

내가 빌어주려고 했던 복인데,
복을 받으니 자신감이 생깁니다.

작은 출판사를 시작하며
너무도 좋은 분들이 글을 쓰고 싶다고 말해주었고
차마 내가 먼저 같이 가자고 말씀드리기
어려운 분들조차도 용기를 내주었습니다.

저는 오랫동안 한사람출판사의 제일 독자는
작가라고 생각했습니다.
작가를 향한 마음, 배려, 생각들이 제 출판사의
정체성입니다.
이분들에게 정직하게, 그리고 마음 아프지 않게
잘해야겠다고 생각합니다.

누에고치가 실을 뽑는 것처럼
책을 만드는 일이 제법 자연스러워질 때까지
걱정해주며 응원해주던 사람들, 가족들.

그리고 걸음마하던 저에게 많은 것들을 선물로 누리도록 동행해 준 세나북스의 최수진 대표님, 잘하고 있는 게 없는데 잘하고 있다고 믿게 만들어 주시는 넥스트프린팅의 김만동 사장님에게 특히 감사합니다.

제 모든 것을 출판에 쏟고 있습니다. 제 인생에, 그리고 또 다른 분들의 인생에 저는 지금 책으로 말하고 있습니다.

열심히 하는 것만으로는 부족해서…

천천히,
바르게 가겠습니다!

당신을 저도 오래 봤으면 좋겠습니다.

혼자

글쓰다

취업합니다

초판 1쇄 발행 2023년 3월 6일

지은이 우지연

펴낸이 송희진
디자인 김선희 샘물
편집팀 나란히
마케팅 스티브jh 박봉순 강운자
펴낸곳 한사람북스
출판등록 2022-000060호 2022년 7월 4일
주소 서울 서대문구 신촌로 25
홈페이지 https://hansarambook.modoo.at
블로그 https://blog.naver.com/pleasure20
ISBN 979-11-980235-6-8(13320)